JN302637

論文作成のための
文章力向上プログラム

アカデミック・ライティングの核心をつかむ

村岡貴子
因　京子
仁科喜久子

大阪大学出版会

はしがき

　日本の大学・大学院の研究活動の場でのコミュニケーションは、一般に、日本語で行われています。授業、ゼミ、研究発表会、論文報告会、学位論文の審査会など、大学内での学術的活動は日本語で進められ、また、大学の外で学会や小規模の研究会などに参加する場合も、日本語を用いたコミュニケーションが大きな役割を果たしています。発表自体は英語で行われるとしても、そのための事前連絡や研究上のやり取りには、多くの場合、日本語が用いられます。そのため、共通の目的を持った人たちの集まりである研究コミュニティに参加するには、日本語を用いたコミュニケーションを行う技能を持つことが必須であると言えます。

　研究コミュニティのコミュニケーションには、音声を媒介にしたもの（音声言語）と、文字を媒介にしたもの（文字言語、あるいは書記言語）があります。前者は、たとえば、視覚資料やレジュメを用いたプレゼンテーション、授業での発表、研究過程での公式・非公式のディスカッションなどです。後者は、レポートや論文、報告書、研究費や奨学金などの申請書などが挙げられます。昨今は電子媒体での文書も頻繁に活用されています。

　本書が目指すものは、「文字による、研究コミュニティに所属するために必要な言語活動の技能」の向上です。研究コミュニティの一員としての活動の中心は、論文を書いたり、登壇して発表を行ったりすることであるかもしれませんが、活動はそれだけにとどまりません。日々、研究仲間に対して説明や報告をし、また仲間たちと相談や議論をし、共有するための記録もとります。音声言語で発表や議論をするときにも、視覚資料やレジュメ、要旨といった文字言語資料を同時に使用します。文字言語を用いる場面は、電気通信技術などの発達によって時空を超えて拡大しています。また、「書く」という活動は、文字による発信を行うためだけでなく、音声による活動を支えるものとしても重要な意味を持っていると考えられます。発表に不慣れな人は、発表内容の整合性と効率を確保するために、原稿を書いてみることが多いでしょう。「書くこと」は、論文や研究発表など、アカデミックなディスコース（言説）を構築するために最も重要な論理性と厳密性を培う上で欠かせません。

　本書が学習の素材とする文章は、論文やレポートといった狭い意味でのアカデミックな文章だけではありません。すでに述べたように、研究コミュニティの一員にとっては、周辺的活動を行う技能も非常に重要です。たとえば、研究費獲得のために種々の団体に申請書を書いたり、研究成果を応用する業界の人々と意見を交換したり、あるいは、実験に必要な物品や器具の製作を特殊な技術を持つ技術者に依頼したりすることもあるでしょ

う。こうした場面で用いられるさまざまな文章は、研究コミュニティに属する特定の人々、あるいは不特定多数の読者に届けられます。発信の分量や形式は目的によってさまざまですが、伝達すべき内容を厳密に正確に把握し、受け手の理解効率を最大化するように書くという点は、論文などと基本的に共通しています。こうした周辺活動に用いる文章を書いてみることによって、実用的技能が向上するだけでなく、研究コミュニティで用いられる文章の要件をより深く理解できると期待されます。

　日本において、研究活動も周辺的活動もすべて英語で行うことは、不可能ではないかもしれません。しかし、価値の高い情報を収集し、長続きする深い人間関係を築いて価値ある研究を行うには、日本語による文章力があれば、格段に有利であることは言うまでもありません。このような認識のもとに、著者らは「文章力向上プログラム」を開発しました。最終的に日本語で論文を作成する人も、論文は別の言語で作成する人も、このプログラムで、こつこつと文章力を鍛えていってください。

目　次

はしがき ………………………………………………………………………… 1
本書の目的、構成および使用方法 …………………………………………… 5

第1章　「書く主体」である自分とは　……………………………………… 11

1.1　母語（第1言語）を使ってきた「私」 …………………………… 12
1.2　外国語を学んで使ってきた「私」 ………………………………… 15
1.3　日本語で文章を書くことを学ぶ「私」 …………………………… 17
column❶ 教科書と論文ではスタイルが違う！ ……………………… 20

第2章　学習・研究のための「書く」活動について知る　……………… 21

2.1　「書く」活動と文章の種類 ………………………………………… 22
2.2　「書く」活動で重要なこと ………………………………………… 25
2.3　アカデミックな文章の特性 ………………………………………… 26
2.4　文章作成前の準備 …………………………………………………… 28

第3章　学習を自己管理し、学習方法を探索する　……………………… 31

3.1　リソースの観察 ……………………………………………………… 32
3.2　リソースの活用 ……………………………………………………… 33
3.3　学習・研究活動のふり返り ………………………………………… 35
3.4　他者の情報の引用 …………………………………………………… 40

第4章　文章を読んで問題点を探す　……………………………………… 45

4.1　事実の分析・意義づけの欠けた文章 ……………………………… 46
4.2　情報が適切に分類されていない文章 ……………………………… 49
4.3　適切な「ラベル」のない文章 ……………………………………… 53
column❷ 論文を寝かせる？　熟成法 ……………………………… 60

第5章　文章の目的から構成を考える　…………………………………… 61

5.1　文章の構成要素とは ………………………………………………… 62
5.2　論文の序論部の文章 ………………………………………………… 63

5.3	同人誌に投稿する社会問題についての論説文	65
5.4	進学希望先大学院の教員への依頼文	68
5.5	学内ニューズレターの「院生紹介コーナー」への投稿文	71

第6章　論理の一貫性を考える … 75

6.1	論理の一貫性とは	76
6.2	タイトルとアウトライン	78
6.3	論述の目的による論理展開の違い	81
6.4	結論までの一貫性	89

第7章　的確な表現を追求する … 93

7.1	目的による文章の違い	94
7.2	対象の知識による情報や表現の違い	99
column❸	作文支援ツール「なつめ」を利用して的確な語を選択する	109
column❹	「敬意」の表現を回避する方法	110

第8章　研究の要旨を書く … 111

8.1	論文要旨	112
8.2	口頭発表申請書	123

第9章　活動報告を書く … 129

9.1	実習報告、見学報告、インターンシップ報告	130
9.2	不特定多数に向けて広報する	146
column❺	投稿前に論文をチェックする	150

第10章　未知の人やコミュニティに「自分」を説明する … 151

10.1	研究者の卵としての「自分」を説明する	152
10.2	組織の一員となるべき「自分」を説明する	167
column❻	論文の「査読」って何？	173

謝辞 … 175
著者紹介

別冊　解答例と解説ノート

本書の目的、構成および使用方法

　ここでは、本書の目的と特徴を述べ、構成と使用方法を説明します。本書を使って学ぶ人向けと、その指導にあたる人向けのものに分けて、説明します。

本書の目的と特徴

　本書は、これから日本の大学や大学院、学会などの研究コミュニティに参入し、文字言語としての日本語を活用してアカデミックなコミュニケーションを行う必要がある人々を対象としています。本書の目的は、そのような学生や研究者の卵である人たちの、文章を作成する能力の向上を支援することです。さまざまな文章を練習のための素材として用いますが、目標の最高峰は、論文執筆能力の獲得です。

　本書は、テキスト本冊と別冊の『解答例と解説ノート』から構成されています。本冊には、「内省」、文章の「分析」、文章の「分析・リバイズ」および「執筆」といった、多様な演習タスクが含まれています。これらのタスクを継続的に行うことによって、日々の研究やその周辺での活動において、適切な文章を作成する能力が向上すると期待されます。本書では特に、文章の目的・読み手・媒体を考慮して内容・構成・表現を選択することができるようになることが重要だと考えています。この技能を獲得するには、日本語を母語とする人もしない人も、意識して努力する必要があります。

　レポートや論文などの文章力向上を支援する目的で執筆された書物はすでに多く市販されていますが、本書の大きな特徴は次の3点です。

（1）学習・研究活動に対する巨視的な視点の獲得を重視する

　論文や報告書などの文章を読んで正確に理解し、自分自身でも適切に作成できるようになるためには、研究コミュニティに参入する者としての巨視的な視点を持つことが必要です。巨視的な視点を持つとは、文章の内容や表現をクリティカル（批判的）に読むことができる目を備えているだけでなく、文章の書き手である自身の学習・研究活動を内省した上で、文章作成にかかわる活動の全体像を捉えることができるということです。文章を実際に書くだけでなく、研究活動をサポートしてくれる人々や参考文献など、人的・物的なリソース（資源）を適切に活用することや、締切りまでの実行可能な作成計画を立てること、執筆要領や提出の手続きを遵守する重要性を知っていることなども含まれます。目的に合致した文章を完成させるには、巨視的な視点を持ち、研究コミュニティの一員としてふさわしい行動をとりつつ、着実に歩を進めていかなければなりません。本書は、書き手

自身が自分の文章作成活動をモニターし、その活動を広くメタ的（俯瞰的）に捉える視点を持つことを、特に重要と考えています。

（２）学習・研究活動場面で用いられる多様なジャンルの文章を用いる

　本書は、論文やレポートだけでなく、従来の教材や参考書では多く取り上げられていなかった、研究報告書や論文要旨、あるいはＥメールによる調査のための依頼文書など、研究活動を支える周辺的な文章を各章で取り上げています。こうした文章を取り上げる理由の一つは、実用上の必要性に応じるためです。独立した研究者の卵として、あるいは、学生・大学院生として、研究コミュニティに参画するには、レポートや論文のような狭い意味での学術的文章だけではなく、日々さまざまな文章を書く必要があることは、指摘するまでもありません。しかし、周辺的な文章を本書で取り上げるのは、実用上の必要性のためだけではありません。これらの文章の作成に際して持つべき意識は、論文などと共通しており、かつ、具体的で実際的であるだけに意識しやすいと考えられるため、学術的文章を書くために必要な意識の形成を促進すると考えたからです。文章作成の要諦は、目的を意識し、その目的に適した内容・構成・表現を備えているか、読み手への配慮がなされているかを考慮して、調整することであると言えます。受け手の姿を思い描きやすい周辺的な文章を書いてみることを通して、目的と完成形が整合しているかどうかを的確に判断する目を養ってください。

（３）自己あるいは他者との対話によって自ら向上する姿勢を強化する

　本書は、本冊に提示された「素材文」（本書で用いるタスクの素材となる文章をこのように呼びます）の問題点を見つけ出して分類する、同じ内容を扱った完成度の異なる素材文を比較して完成度の違いを生み出す要因を分析する、改良を目指してリバイズ（修正）するといったタスクを提供しています。これは、唯一の正しいモデルを与えられて模倣するという「静的、他律的」学習方法ではなく、分析や比較を通じた文章評価を行う過程において、自分と、あるいは友人と、考えをすり合わせながらよりよい文章に作り上げていく、「動的、自律的」学習方法の獲得を意図したものです。

　授業で本書を活用する場合には、一人で考えるだけでなく、クラスメートと協働的活動を行うことを想定しています。独習する場合にも、友人や教員の意見や援助を求めることを奨励します。文章を書く作業は一人で行うものですが、完成までの過程に他者の視点を取り入れる姿勢を持てば、文章を完成度の高いものにすることができます。批判的にコメントし合える雰囲気の中で本書のタスクを行い、クラスメートや友人からの質問や批判、提案などを有効に生かす姿勢を持つことができれば、文章を作成する作業はより楽しいものになり、成果もより大きくなると期待されます。

本書の構成

　本書は、タスクを中心とした『本冊』と、別冊である『解答例と解説ノート』（以下、『別冊』と呼びます）から構成されています。「解答例と解説ノート」には、「解答」、「解答例」、「解説」が収録されています。「解答」では、穴埋め問題などに対する正答を提示しています。これに対し、「解答例」は、文章分析や文章の修正などの活動について、提示されたもの以外にも適切なものがあり得るという前提で、一つの例を示しています。「解説」は、直前のタスクに対する解説を行っているものです。

　まず、『本冊』を使って、個々のタスクを行ってください。既に述べたように、本書のタスクでは、「正解」に早くたどりつくことを目指すのではなく、よりよいあり方について考えをめぐらし、かつ、考えを進める過程そのものを意識できるようになることが重要です。十分な時間をかけて、じっくり取り組んでください。自分なりの結果が出たら、『別冊』を読んで、提示されている解答や解答例と自分の結果とを比較分析して、考えを深めてください。

　なお、章の後半に「私の発見」というスペースを設けています。このスペースには、その章で学んで気づいたこと、自分の表現で整理しておきたい内容、あるいは、友人や後輩に教えたいことなどを自由に書いてください。「私の発見」を十分に活用することにより、タスクでのトレーニングとともに、自分自身の学びのプロセスが把握しやすくなると期待できます。

　本書の『本冊』は全10章とそこに配置された六つのコラムから構成されています。これらを五つのグループに分けて説明します。

① 第1章から第3章
　オリエンテーション編とも言える内容で、特に「本書の目的と特徴」で述べた巨視的な観点の養成に役立つものです。自身の学習への内省や、クラスメートや友人との意見交換を通じ、文章作成を支える自らの学習環境をふり返ってその有効活用の方法を認識するなど、文章作成のための素地を作る部分です。

② 第4章から第6章
　文章を正確に読んで適切に評価するためのタスクを通じて、論理的文章を作成するための基礎的訓練の場を提供します。文章の中の問題点を探し出して、それが問題と考えられる理由を分析的に言語化したり、文章中の内容のまとまりの単位である構成要素を認識したり、さらには、論理展開上の問題を検討したりします。

③ 第7章

　文章の目的や内容、構成に応じた的確な表現に注目し、素材文を用いたさまざまなタスクによって表現への理解を深めます。文脈から切り離された部分的表現の整合性だけに注目するのではなく、文章の目的、内容、前後の文との関連性や段落内の一貫性や段落間の論理展開など、種々の判断基準によって、最もふさわしい表現は何かを判断する訓練を行います。

④ 第8章から第10章

　多様な種類の比較的長い文章を素材文として用い、演習的な訓練の機会を提供します。「本書の目的と特徴」で述べたように、論文要旨や、論文の序章、ニューズレター記事、Eメールでの依頼文、教員公募への応募に際して求められる「抱負」を書いた文章など、多様な種類の文章を分析対象として用います。

⑤ コラム

　本書に掲載している六つのコラムは、各章の前後に配置されていますが、章の順序とは無関係にどれから読んでもよいものです。演習的な活動に疲れたら、休憩をとるつもりで、読み物として楽しんでください。

本書の使用方法

本書を使って学ぶ方へ

　以下に、「本書を授業で用いる場合」と「本書を独習で用いる場合」に分けて、本書の使用方法についての留意点を説明します。次に、「本書を使って指導する方」向けに、実際の授業の計画や運営に関する留意点を解説します。

a. 本書を授業で用いる場合

　大学や大学院において本書を用いて授業を行う場合は、教師から一方的に解説を聞く講義タイプではなく、タスクをもとに協働的な学習活動が展開されることを期待しています。文章の分析や批判を学生間で話し合ったり、お互いの置かれている状況やこれまでの経験について聞き取りや相談を行ったりといった、多様なコミュニケーション活動が多く取り入れられることが望ましいと考えられます。また、クラスの中だけでなく、クラスメートやクラス外の人に意見を聞いてみるよう促すことも重要です。他者から意見を聞き、それをもとに議論を行うによって、文章をクリティカルに見る目、および、自分自身の文章を推敲する目が育ち、文章を作成することに対する広い視野が開けると期待されます。

b. 本書を独習で用いる場合

　本書のタスクは、自分の学習目的に合わせて選んで取り組むことができますが、可能な限り、友人や先輩に尋ねたり確認したりする学習活動を実践してください。合わせて、『解答例と解説ノート』を十分に活用することを勧めます。一つ一つのタスクをすべて行ってみることが難しいと思われる場合には、近い将来必要になりそうな、あるいは現在必要に迫られている文章のタスクを選んで、自分なりの解答案を考えた後で、『解答例と解説ノート』を熟読してください。

　独習のケースとして、たとえば、レポート作成経験が少なく、これから論文を書かなければならない人は、できるだけ第1章からタスクと解説を読んで、論文作成のための準備をしてください。一方、レポート作成経験が比較的豊富で、近々論文を書こうとしている大学院初年次在籍者や研究生は、第1章から第3章までは問題を選んで読み、第4、5、6章を基礎編としてタスクを選択して挑戦し、第7章から本格的に分析やリバイズの作業を行ってみてください。修士課程レベル以上の大学院生の場合には、第7章以降のタスクに挑戦した上で、力不足を感じたら、『解答例と解説ノート』を参照しながら第4、5、6章を読んで、知っているはずの内容を復習してください。

本書を使って指導する方へ

　大学や大学院における授業で本書を使う場合は、学生の在学段階や授業時間数によって、必要なタスク、およびタスク内の問題を、適宜、選ぶことができます。その際に、『解答例と解説ノート』には、各章のタスクの意図も含めて説明がありますので、事前によく読んで授業に活用してください。

　授業運営に関する基本的な留意点は、上の「本書を使って学ぶ方へ」に述べたとおり、それぞれの教室活動として協働的な活動が積極的に展開されるよう、学生のグループ分けや席の配置などに配慮することです。学生が協働的な活動に慣れていない場合には、『解答例と解説ノート』の「解説」内容を参照してタスクの意義を確認した上で、学生からの発言を促すように、学生に対して質問をしたりヒントを与えたりしながら授業を進めてください。

　本書を活用した授業計画は、学生の状況や授業時間数によって、柔軟に立てることができます。本書を用いた授業は、半期15コマのコースとしても通年30コマのコースとしても展開することができます。各章の授業進度を、学習者の習得状況によって変化させることも可能です。たとえば、10章のうち5章までは、選択的にタスクを行って早く進み、6章からは、一章にかける時間を長くして分析やリバイズのなどのタスクにじっくりと取り組む、といった方法を取ることができます。

特定の文章ジャンルに絞って授業を展開することも可能です。6章以降では多様な種類の文章が扱われますが、たとえば、報告書、論文、Eメールによる研究上の調査依頼文など、学術活動と直接的に関連する素材を用いるタスクに限定して扱うこともできます。また、最終的な論文を日本語以外の言語で執筆する学生が主たる対象となっているような場合には、Eメールでの依頼文やニューズレターの記事、公募への応募書類など、周辺的活動に関連したタスクに重点を置くことも考えられます。それぞれのタスクの進め方も、状況に応じて柔軟に変化させていただきたいと思います。たとえば、協働的なタスクを授業時間内で十分に行うことができない場合には、学生にコメントを電子媒体で提出してもらい、結果を教師が取りまとめてクラスで示すという方法を取ることができます。

第1章
「書く主体」である自分とは

　本章の目的は、書く練習を始めるにあたって、現在の自分の力と課題とおかれている状況を明確に意識することです。これまで自分がどのようなことを学習してきて、どのような知識と技能を持っているのか、できるだけ具体的に考えてみてください。その上で、学術的文章を日本語で書こうとするとき、何を予期しておかなければならないか、考えてください。

　学習に成功するには「技能や学習状況を自己分析する力」が重要であると、さまざまな研究によって報告されています。自分の今の技能がどのくらいか、まず、考えてみてください。自分は書くのが上手と言えるか、まだ上手ではないか……もちろん、上手であればそれに越したことはありませんが、実は、今現在の技能が高いかどうかよりも、自分の状態を冷静に捉え、問題点を見出し対策を考案するという習慣を持つことのほうがずっと重要です。上達するために何が必要か、どこから手をつけたらよいかを自分で観察し考えていく能力こそが、成功への鍵となるでしょう。

1.1 母語（第1言語）を使ってきた「私」

タスク① 内省

（1） 母語（第1言語）、あるいは、最も自分にとって使いやすい言語は、何ですか。

（2） 母語（第1言語）で、どのようなものを書いたことがありますか。

（3） 小学校から今までに、学校教育の場ではどのような文章を書きましたか。その際、よい文章がどのようなものかが示されていましたか。明確に示されなくても、評価の中にあらわれていたかもしれません。どのような文章が「よい」とされていたのかを思い出して、書いてみてください。

（4） 母語（第1言語）（または、教育を受けたときの媒介言語）で、学術的な文章を書いたことがありますか。書いた経験のある人は、他の文章を書くときと比べて、どうでしたか。違いがありましたか。違いがあるとすれば、どのような違いでしょうか。

（5） 学術的な文章と日常の文章は違うと思いますか。違いがあるとすればどのような違いでしょうか。

（6）（5）で述べた、学術的文章と日常的文章の違いがどのように生み出されるのか、考えてみてください。下の表1-1に、文章を成り立たせる重要な要素が挙げられています。各要素について日常的文章と学術的文章の間に違いがあるかどうか、あるとすればどのような違いかを考えて、表1-1に書いてください。表に挙げられている以外にも重要な要素があると思うならば、それについても書いてください。

表1-1　学術的な文章と日常の文章の違い

要　素	違いの有無	（違いがあるならば）　違い
語　彙		
文構造（基本的文法）		
文と文とのつながり方		
段落の作られ方		
文章の全体構造		
扱う内容（種類、範囲）		
場面情報の影響度		
相手（読者）		

（7） 学術的文章を書くことに関する自分の経験と知識、および、その結果としての現時点での技能はどの程度であると思われるか、重要性の高い課題はどこにあると思われるかについて、書いてください。友人とも話し合ってみてください。

_____
_____
_____
_____
_____
_____

1.2 外国語を学んで使ってきた「私」

タスク② 内省

（1） **タスク①**で分析対象とした言語のほかに、何語を、どのような方法で、学習しましたか。例を参考に、書いてください。

表 1-2　学習経験のある言語とその学習方法

言語	技能レベル	学習方法
例1：英語	学術的なレポートやエッセイが書ける。	中学校から大学まで外国語として学習した。大学在学中に10か月英語圏に留学したときに、term papers を書いた。
例2：フランス語	挨拶と買い物のための表現	フランス語の映画やドラマを見て、自然に覚えた。

（2） 外国語を学習したときに使った方法をできるだけ詳しく思い出して、箇条書きにしてください。

（3） （2）で答えたことの中で「やってよかった」と思うこと、あるいは、友人が用いていた方法で「あの方法はいい」と思ったものがありますか。あれば、それを書いてください。

（4） 自分の体験についてまとめたら、友人と「外国語学習体験」について話し合い、「それはいい！」と思うことがあれば、書いてください。

〈1.3 に入る前に、必ず 1.1 と 1.2 を行ってください〉

1.3　日本語で文章を書くことを学ぶ「私」

🔖 タスク ③　内省

（1）　日本語は、どのような言語なのか、考えてみてください。自分が知っている他の言語と比べてどのような特徴があると思うか、書いてください。
（音声、文法構造、表記、etc.）

_____
_____
_____
_____
_____
_____

（2）　下に挙げたような点について考えてみることを通して、学術的な文章を書くことを学ぶ環境として自分の環境がどのようであるか、有利な点、不利な点は何か、考えてください。

- 学術的な文章を書くことを学ぶ目標や必要性が明確か。
- 学術的な文章を書いたり読んだりしている人が周りにいるか。
- 学術的な文章を書く機会が十分にあるか。
- 学術的な文章の書き方を教えてくれる人がいるか。それは誰か。
- 学術的な文章を書くことを共に学ぶ友人がいるか。

_____
_____
_____
_____
_____
_____

（3） これまでに、文章作成に関する知識、文章作成のための技能、学習技能を獲得していると思いますか。その中で何が、学術的文章を学ぶ上で役に立つと思われるかを書いてください。友人とも話し合ってみてください。

（4） 日本語で学術的・実務的文章を書く能力を身につけることは、自分にとってどのような意味がありますか。書いてください。

第1章のまとめ

(1) 学術的な文章と日常の文章には違いがあり、**母語（第1言語）**でも、**学術的な文章を書くためには**、自然に心に浮かぶままを言葉にするのではなく、**慎重に言葉を選び、文章を構築しなければならない。**

(2) 学術的な文章から受ける、「硬い」「厳密だ」といった印象は、**難解な専門的概念を示す語彙が多く用いられることのみから生まれるものではない。**文と文とのつながり方、全体構造など、さまざまな要素が関与している。

(3) 学術的な文章を母語や他の外国語で書いた経験があれば、日本語で学術的な文章を書くために必要な知識の一部をすでに獲得している可能性がある。経験がなければ（あるいは、非常に少なければ）、日常の文章との違いを意識して学ぶ必要がある。

(4) 日本語の母語話者であっても、日常会話に不自由のないレベルに達している学習者であっても、学術的な文章を書く技術を身につけるためには、新しい外国語を学ぶような覚悟が必要である。

(5) 学習対象である学術的な日本語の特徴、および、学習主体である自分の学習方法の特徴を理解することは、学習を促進すると期待できる。母語で書くことを学んだ時の経験や、外国語を学んだときの体験を振り返って、自分の長所と欠点を自覚することが必要である。

　学術的文章を書く技能は、母語においても、その獲得には意識的・継続的な努力が必要です。この技能がすぐに上達しなくても失望することはありません。訓練によって必ず目標を達成することができます。その努力を始めるにあたって、すでに持っている知識・技能と、今後獲得しなければならない知識・技能はどのようなものか、しっかりと認識してください。

column ❶

教科書と論文ではスタイルが違う！

　みなさんは、大学で授業を受ける時に教科書を使うことが多いと思います。教科書に書かれている内容は学ぶべきものです。その文体は、論文の文体とは違います。ですから、論文やレポートを書く人は、教科書の文体を真似ることがないよう、気を付けましょう。

　両者は、目的や読み手が違います。

　まず、教科書は、基本的に、その分野の内容を熟知しない初心者が読むものです。つまり、論文とは違って、その分野の知識として知っておくべき内容を、わかりやすく解説したり、練習問題を含めたりするものであり、入門書の性格が強い読み物です。そこで、教科書の著者は、論文とは異なり、その分野の基礎的な内容、方法論、あるいはやや専門的な内容などを、初心者にわかりやすい順序で例なども多用するように努めます。そのため、論文と比べて、明らかに表現や構成の自由度が高くバリエーションが多いと言えます。

　一方、論文は、その分野の先行研究の成果を十分にふまえた上で、著者自身が新たな発想や方法、あるいは過去にない調査対象や調査協力者を得て、実験や調査などの一定の手続きをふんだ上で、オリジナルな見解を提示するものです。特に、展望論文や総説論文ではない原著論文は、世界で初めての知見を提示する必要があります。こうした論文の引用の手続きや参考文献リストの書き方などは、各分野、あるいはその分野の学術雑誌によってルールが定められており、そのルールの遵守が強く求められます。学術雑誌や専門書にまとめられた論文は、専門外の人が読む場合もありますが、読者の多くは、基本的にその分野の専門家や研究者の卵である大学院生や大学生です。

　以上のような差異があることから、教科書では、「では次に〜について考えよう」とか、「AはBでしょうか。いいえ、違いますね。これを次の方法で検証してみましょう」といった、専門家が初心者に働きかけるような表現、あるいは講義をしている教員が学生に語りかけるような自問自答の表現も含まれます。こうした初心者が考えるプロセスを重視した表現は、論文やレポートにおいては不適切です。教科書を参照しても、その文体を論文やレポートに持ち込まないよう、文章の目的や読み手をよく考えた上で、表現を厳選しましょう。

第2章
学習・研究のための「書く」活動について知る

　第1章では、母語および外国語での文章を書く活動に関する学習経験についてふり返りました。この章では、書く活動に関する学習環境と学習条件、および目標技能を、より具体的に意識するための活動を提供します。この活動を行うことによって、自身の学習・研究活動をモニターし、また、多様な観点から**批判的に文章を読み書きするための素地**を作ります。論文などの文章を適切に書くためには、視野を広げてさまざまな角度から批判的な目で調査対象を観察する必要があります。

　まず、自分自身の研究環境をふり返り、そこでの研究活動の目的や場面を考えた上で、必要とされる**文字言語によるコミュニケーション**について考えてください。次に、みなさんが考える**学術的な文章**とはどのような文章か、また、そのような文章を書く作業手順などについても検討し、友人などと意見交換をした上で、文章と言語技能に関する多様な観点を獲得し、その意識化を深めてください。

2.1 「書く」活動と文章の種類

タスク ① 内省

　現在置かれている、学習・研究活動の環境における「書く」活動について、次の□にある例を参照しながら、自分自身が<u>どのような文章を書く可能性があるか</u>、考えてください。次に、それらの文章の重要度を考えて、以下の4種類の記号を使って、重要度を分類してください。

　「非常に重要である」は◎、「多分重要である」は○、「わからない」は△、
　「重要ではない」は×

他にも書く可能性のある文章があれば、文章の種類の空欄に書いてください。

> レポート、論文（修士論文・博士論文など）、授業や報告会でのレジュメ、
> 実験レポート、プレゼンテーション用ソフトを用いた視覚資料、
> 調査のためのフィールドノート、Eメールでの事務連絡、etc.

表2–1　学習・研究活動で必要な「書く」文章の一覧

文章の種類	レポート	論文	レジュメ				
重要度							

📝 タスク ② 内省

<u>タスク① 内省</u>で分類した表 2-1 の結果をもとに、書く重要度の高い文章の種類を左から順に並べ、それぞれの文章の目的、読み手などの各項目について、表 2-2 に整理してください。あまり重要度の高くない活動の場合は、表 2-2 の右端にある点線で囲んだところに書き込んでください。

(a) 活動目的　　：単位取得、学術雑誌への論文の投稿、指導教員への報告、研究室／院生室の運営、etc.
(b) 読み手　　　：授業担当教員、指導教員、先輩、クラスメート、学外の研究者、etc.
(c) 機器や媒体　：コンピュータのプレゼンテーションソフト、E メール、レポート用紙、付せん紙やメモ用紙、etc.
(d) 注意事項　　：締め切り厳守、etc.

表 2-2　学習・研究活動で必要な「書く」活動の分析

文章の種類 / 分析項目					
(a) 活動目的					
(b) 読み手					
(c) 機器や媒体					
(d) 注意事項					
(d) その他					

タスク①② 内省　解説

学習・研究活動における「書く」活動は、一般に、「話す」活動と比べて、

(1) メッセージ発信後に相手が受信するまでの「時差」が大きい。
(2) 読み手が目の前にいないために間違ってもすぐに修正ができない。
(3) そのため、完全な形が期待される。形についてのルールも、話し言葉の場合より厳しく、学術雑誌などでは「執筆要領」が詳細に定められている場合もある。
(4) 文字を用い、通常、メモ以外は、記録として一定期間保存される。
(5) 研究に際しては、何かの証拠を残す、あるいは事故を防ぐための、記録としても重要である。

次節では、このような「書く」活動の際に重要な注意事項をさらに考えてまとめてください。

私の発見

2.2 「書く」活動で重要なこと

🔖 タスク ③ 内省

2.1の **タスク①②　内省** でふり返った「書く」活動で重要なことは何でしょうか。次の三つの観点から考えて、あとで友人と意見交換をしてください。

(1) 読み手は、そのレポートや論文の文章を読んでどうするか（例：評価する）。
(2) 文章の読み手は、一人か、複数か、不特定多数か。
(3) 文章内に誤解を生む問題があれば、その結果、何が起こるか。

友人と話して気づいたこと

2.3 アカデミックな文章の特性

タスク ④ 内省

2.1の**タスク②　内省**で整理した「書く」活動で用いられる表現や文体の特性は、どのようなものですか。また、なぜそのような特性があるのか、理由を考えてください。2.2の**タスク③　内省**の結果も参考に、友人と話し合ってください。

> **ヒント**
> 文字表記（ひらがな・カタカナ・漢字）、文末表現、漢字熟語、段落構成、etc.

(a)　レポート

(b)　論文

(c)　プレゼンテーション用視覚資料

(d)　口頭発表の申請要旨

(e)　その他

タスク③④ 内省　解説

学習・研究活動における「書く」活動においては次の点に注意が必要です。

(1) 読み手は、発信内容以外のことも読み取っている。
(2) 読み手は、内容と形式の両方から、書き手の専門能力、専門家としての社会性、基礎的知力についてイメージを形成する。
(3) 形式には一定のルールがあり、表記や表現、段落構成などにも「定型」、「標準的」、あるいは「許容可」と考えられるものが存在する。
(4) 内容や形式によって誤解が生じれば、書き手は不利益を被る。

次節では、このような「書く」活動で必要な準備（手続き）について考えてください。

2.4　文章作成前の準備

🔍 タスク ⑤ 内省

　レポートや論文を作成する前に、「アウトライン」か「メモ」を作成しますか。母語で書くか外国語で書くかによって違いがありますか。また、その理由は何ですか。友人と意見交換をしてください。

表 2-3　文章作成前の準備状況

言語	アウトラインなどの作成習慣の有無	その理由や背景
母語		
外国語		

タスク⑤ 内省　解説

学習・研究活動における「書く活動」には、次のような準備と心構えが必要です。

(1) レポートや論文などの学術的な文章を書くためには、何をどのような順序で書くかの構成を含むルールを知って、それを守る必要がある。たとえば、「実験の方法」「結果と考察」といったセクションが決まっている。
(2) 文章に書くべき内容は、中心的な情報と周辺的な情報に分けて、その適切な順序を考えた上で、全体の論理構成を考える必要がある。そのため、事前にアウトラインを書いておいたほうがよい。
(3) あらかじめ文章の構成を決めておけば、文章全体の完成形についてのイメージが作りやすいため書きやすくなり、作成途中の変更も容易になる。

第2章のまとめ

(1) 音声言語と文字言語には大きな差異がある。文字言語には、時空間を超えた記録の意義があり、読者が目の前にいないことから、基本的に修正ができず、完全な形が求められる特徴がある。論文などの学術的な目的の文章では、執筆要領という厳しいルールが存在する。

(2) レポートは基本的にその授業の教員が、論文は不特定多数の読者が、それぞれ評価するものである。それらの文章に、内容面でも形式面でも誤解を生じさせる問題が含まれていた場合、その文章の執筆者自身が不利益を被ることになる。

(3) レポートや論文といった学習・研究活動に必要な文章は、書式やテーマ、表現方法などの定められたルールを守り、論理的に作成する必要がある。そのための準備として、書くべき内容の情報と、その配置にかかわる構成を事前に十分に検討しておく必要がある。構成を決めておけば、書きやすくなり、途中の推敲も行いやすくなる。

次章では、このような「書く」活動をめぐる環境をモニターし、学習方法を探索していってください。

私の発見

第3章
学習を自己管理し、学習方法を探索する

　第2章では、学習・研究活動のための「書く」活動について、さまざまな観点から再考し、「意識化」を深めました。この章では、まず、論文やレポートなどを作成するにあたって、自分の学習環境を観察します。学習環境には、援助が得られる人や、必要な情報を提供してくれる書籍や資料、多様なデータや情報を蔵する媒体などがあり、本書では、それらを「リソース（資源）」と呼びます。次に、実際の文章作成作業の過程で、完成までの間に繰り返す推敲や添削、あるいは提出までの過程を円滑に進めるための時間の管理について、ふり返り、それらの重要性を認識します。さらに、論文やレポートを作成する際には欠かせない他者の言説や主張の「引用」について学びます。「引用」の手続きには守るべきルールや方法があります。それらを理解していなければ、論文やレポートを作成することができません。

3.1 リソースの観察

🔍 タスク① 内省

　自分自身の学習・研究活動のために、現在、どのようなリソースがありますか。以下、（1）物的リソースと（2）人的リソースに分類して具体的に書いてください。

（1）物的リソース（例：図書館、新聞、白書、インターネット上の論文、etc.)

（2）人的リソース（例：指導教員、研究室の先輩、友人、etc.)

3.2 リソースの活用

タスク ② 内省

タスク① 内省で回答した物的・人的リソースを、現在、十分に活用できていますか。学習・研究活動の中で起こった成功例と失敗例を書き入れて、表3-1を作成してください。自分自身の経験でなくてもかまいません。成功例と失敗例については、そのような結果になった理由を、先生や先輩、友人などに尋ね、その結果を持ち寄って、友人と意見交換をしてください。

> **ヒント**
>
> 次の例を参考に考えてみてください。
>
> **人的リソース活用の成功例**：小川さんは日本語で書いた論文を投稿する前に、論文執筆経験が豊富な大川さんによくチェックしてもらう。一方、英語での文章作成が得意な小川さんは、大川さんの英文要旨をチェックしてあげる。
>
> **物的リソース活用の失敗例**：レポート締め切りの直前に図書館にかけ込み、以前に検索システムで確認できていた文献を借りようと思ったところ、すでに他の学生に借りられていたため、レポート作成に活用することができなかった。

表3-1　リソース活用の事例

分析項目	事例	背景と理由
リソース活用の成功例		
リソース活用の失敗例		

タスク② 内省　解説

　学習・研究活動における「書く活動」には、次のような点に注意しつつ人的・物的リソースを十分に活用することが必要です。

⑴ 調査や研究の目的に合った必要なリソースを調べる必要がある。用いた、あるいは用いるかもしれない参考文献の情報は、あとで必要になった時すぐに所在がわかるよう、早めに記録に残しておくことが重要である。
⑵ 図書資料の入手、チューターとの相談の約束などのためには、時間がかかることがあるので、**早めの準備**が必要である。
⑶ **文献の内容と自身の研究との関連性の強さを判断して、必要性に応じて言及・引用する。**
⑷ 引用の手続きは、専門分野や学術雑誌のルールに従って行わなければならない。

　次節では、リソースの活用が重要な、自分自身の学習・研究活動をふり返ってみてください。

3.3　学習・研究活動のふり返り

🖋 タスク ③　内省

　第2章で確認した「書く」活動を中心に、自分自身の学習・研究活動をふり返り、次の（1）から（5）に答えてください。あとで、友人と意見交換をしてください。

（1）　学習・研究活動を行う際に、「約束」や「締切り」への注意と努力を怠っていませんか。以下の (a)、(b) について答えてください。

(a)　「締切り」に遅れたこと、あるいは遅れそうになったことはあるか。どう対処したか。相手に許してもらえたか。その理由は。

_____
_____
_____
_____
_____
_____

(b)　多くの作業を短期間に行う必要がある場合、優先順位を決めているか。その際、最も重視することは何か。スケジュールが守れなくなる「いつもの原因」は何か。

_____
_____
_____
_____
_____
_____

（2） レポートや論文を作成した後に「推敲」をしますか。「添削」は受けたことがありますか。以下の (a)、(b)、(c) について答えてください。

(a) 何を中心に推敲をするか。推敲の際に後回しにしていることがあれば、それは何か。その理由は。

(b) 「添削」を受けた経験の有無
　　受けたことが**ある**人は、いつ誰に何を添削してもらったか。
　　受けたことが**ない**人は、なぜ受けなかったか。

(c) 論文の「推敲」の際に留意すべきこと

（3） レポートやレジュメ、論文を提出する場合、提出先の教員や学会に、「連絡」や「確認」をしますか。以下の (a)、(b)、(c) について答えてください。

(a) レポートをEメールで提出する際に、レポートのファイルを送付する他に、何をするか。

(b) 論文を投稿する際に、投稿先の学会誌の執筆要領を確認するか。その理由は。

(c) 【特に博士課程の大学院生の方へ】
査読でコメントを受けた論文を再投稿する際には、論文だけをEメールに添付（あるいは郵送）すればよいか。他に何かすべきことがあるか。

（4） レポートやレジュメ、論文を提出する相手である教員や学会に対して、してはいけないこと、逆に、守らなければならないルールや礼儀などを、受け取る側に与える印象を想像しながら、三つ書いてください。

　（a）

　（b）

　（c）

（5） レポートや論文を提出する際に、方法によっては相手に無礼だという印象を与えることがあります。親しい先生にそのような経験を聞いてみてください。差し支えないと考えられるなら、クラスで話してください。

タスク③ 内省　解説

　学習・研究活動をできるだけ円滑に行うために、「学習の自己管理」をしっかり行って、自分の学習スタイルを作って「習慣化」することが重要です。次の点に常に留意しておいてください。

(1) 慎重に**時間の管理**を行う。複数の作業を行う必要がある時は優先順位を意識する。
(2) 文章を、作成途中でも、作成後にも、複数回推敲する。これらは視野を広げ、批判能力を養うために不可欠である。
(3) 文章の読み手となる教員や編集委員会に適切に連絡や確認をする。これらも重要な学術的活動である。

　次節では、レポートや論文の執筆に最も重要な作業の一つである「引用」について意識化を深めてください。

3.4 他者の情報の引用

? タスク ④ 内省

　レポートや論文を書く場合には、それより以前に書かれた論文などのデータや研究成果（先行研究）を引用する必要があります。特に論文の場合には、その分野や領域における他者の情報を参照しながら、自身のオリジナルな論の展開と知見の提供を行って、その分野の発展に貢献することが求められます。授業で課されるレポートや、レポートや論文以外の学術的なエッセイや記事、報告書などの場合も、基本は同じで、記述された内容が依拠するオリジナル情報や基準を示さなければなりません。

　ここでは、引用の手続きについて、正確に、かつ適切に行うために知っておくべきことを**意識化**し、より完成度の高いレポートや論文が書けるように、次の質問に答えながら、心と頭の準備をしてください。

（1）　なぜ引用が必要なのか、引用の目的を考えて、友人と意見交換をしてください。もし、論文でもレポートでも、他者が書いた情報を、その人のオリジナルな情報であるということを示さずに使えば、どのような評価を受けると思いますか。

（2） 引用した文献は、レポートや論文の参考文献（あるいは「注」）にまとめる必要があります。それらの文献の情報として、著者名や論文タイトルの他にどのような情報が必要ですか。下の（a）に必要な情報をすべて列挙してください。次に、下の（b）を参照しながら、自分の専門分野の様式にしたがって、それらの情報を並べた例を複数書いてください。また、下の（c）の留意点もまとめてください。

(a)　文献の情報として必要な項目

著者名、論文タイトル、

(b)　参考文献リストの書き方の例
　例1：Webサイトの例（1）
　　関連URL
　　　日本語作文支援システム「なつめ」http://hinoki.ryu.titech.ac.jp/（2012年9月28日検索）
　例2：Webサイトの例（2）
　　　因京子「翻訳マンガにおける女性登場人物の言葉遣い：女性ジェンダー標示形式を中心に」『日本語とジェンダー』第7号，日本語ジェンダー学会，2007年3月, http://wwwsoc.nii.ac.jp/gender/journal/no7/00_contents7.html（2012年10月1日検索）
　例3：学会誌の例
　　　村岡貴子・米田由喜代・因京子・仁科喜久子・深尾百合子・大谷晋也：農学系・工学系日本語論文の『緒言』の論理展開分析─形式段落と構成要素の観点から─, 専門日本語教育研究, Vol.7, 21-28, 2005a
　例4：学会誌以外の学術雑誌の例
　　　村岡貴子（2008b）「専門日本語教育における語彙指導の課題─アカデミック・ライティングの例を中心に─」『日本語学』27-10, 60-69
　例5：専門書に掲載された論文の例
　　　村岡貴子（2012）「研究留学生のための専門日本語ライティング教育の可能性」仁科喜久子監修『日本語学習支援の構築　言語教育・コーパス・システム開発』凡人社, pp.77-90

(c) インターネット上に掲載されている論文やデータを引用する際の留意点

（3） 論文などの文献から、必要な情報をそのままの表現や文・文章として引用する「直接引用」と、要約してまとめる「間接引用」があります。自分の専門分野の文献を調べて、「直接引用」と「間接引用」の具体例を探してください。どのような種類の書き方がありますか。友人と情報を共有してください。

（4） 文献から引用する場合には、さまざまな方法があります。下の例のように、文献の一部を引用する直前か直後に、引用の内容に関して、引用者として何らかのコメントを書く場合があります。

（例：「田中（2010）は、……というアプローチを採用している。このアプローチは〜の分析に最も広く採用されているため、<u>他の調査結果との比較には有用であると考えられる。</u>」）

一方で、本文中には上記のようなコメントを書かない引用方法もあります。それが可能な場合とその理由を考えてください。（注意：参考文献から他者の記述を単に抜き出して引用しただけでは、引用の意義が不明な場合があります。）

タスク④ 内省　解説

　レポートや論文では「引用」の手続きが非常に重要です。その手続きをしなければ、その記述は、**盗作や剽窃**＊という**犯罪行為**と判断されます。その研究分野の発展のために、また、過去の研究者の努力と成果に敬意を表するためにも、**引用の手続き**は必須です。以下に留意点をまとめます。

(1)「参考文献」には論文の題名に加え、著者名や刊行年、出版社など必須の情報がある。

(2) 引用の際には、用語などの**直接引用**と、要約したタイプの**間接引用**を使い分ける。

(3) どの情報が、どのデータや出典に基づくものかを明示することは絶対に必要である。インターネット上の情報は、しばしば更新されることに留意し、サイトのアドレスだけでなく、文章の名称と検索した時期も示す必要がある。

(4) 引用した情報は列挙するだけではなく、引用した書き手の意図、すなわち、研究全体の目的との関連性が示されていなければならない。必要に応じて書き手の解釈や見解を明示する必要がある。

(5) 専門分野やその学術雑誌によって、参考文献の書き方（情報の並べ方）が異なるため、自分の専門分野の書き方をよく調べ、それに合わせて書く必要がある。

　　＊　剽窃とは、他者の論文や報告書などにおける学説や表現を、引用の手続きをせずに、自分のものとして発表すること。

第3章のまとめ

(1) 質の高い論文やレポートを作成するためには、さまざまな人的・物的リソースを活用する必要がある。

(2) 論文やレポートを完成させるまでには、時間を管理し、書くことだけではなく、受け手と必要なコミュニケーションを適切に行うことが重要である。こうした「書く」以外のコミュニケーション活動が行えるかどうかによって、論文やレポートの評価が左右される。初心者は、締切りまでの時間を甘く見積もる傾向があるため、時間管理には特に注意が必要である。

(3) 「引用」と「剽窃(ひょうせつ)」は全く異なるものである。「剽窃」は犯罪行為であるため、絶対に行ってはいけない。

(4) 「引用」方法の詳細は、専門分野や学術雑誌によっても異なる。事前に具体的な方法について十分に調べておくことが必要である。

　以上で、内省を中心としたタスクは終わりますが、第4章以降のタスクにおいても、第3章までで学んだことを忘れないようにして、学習活動を続けてください。
　第4章からは、具体的な文章を読んで、分析と評価を行います。

私の発見

第4章
文章を読んで問題点を探す

　本章の目的は、「よい文章」「伝えたいことを伝えることができる文章」とはどのような文章なのか、よい文章が備えている性質、伝わる文章に求められる条件を認識することです。実は私たちは、毎日、専門書や教科書、研究論文、新聞や一般書籍、報告書や公的通信文など、留意して書かれ校正も経たはずの、多くの「よい文章」に接しています。しかし、それだけでよい文章の条件を認識し、よい文章が書けるようになるとは期待できません。そこで、その条件を裏側から見てみることにします。

　本章では、何らかの問題を含む文章を提示しますが、助詞や漢字の誤用など、ワードプロセッサーでも認識できるレベルの間違いは含まれていません。「一応わかるがピンとこない」「文法の間違いはないが、論理が通っていない」「なんだか感じが悪い」……これらの「不適切」な感じは、どうすれば解消できるのでしょうか。問題解決のためには、私たちの「不適切」という判断がどこから来ているかを知ることが必要だと考えられます。「不適切な現象」を明確に認識すれば、そこから「適切性」の条件が見えてくるでしょう。

4.1　事実の分析・意義づけの欠けた文章

■ タスク ① 分析

（1）　素材文 1-a の文章は、「災害看護学の教育」のワークショップ（講習会）を行った後に書かれた報告書の一部です。「災害看護学」とは大規模の自然災害や事故によって多数の死傷者が出ている事態に対応する看護学の一分野で、この講習会は、「災害看護学教育」の重要性についての理解がまだ進んでいない地域の教員を対象に行われました。素材文 1-a は研修の成果を説明する部分です。原文である 1-a と、それを修正した素材文 1-b を読み比べてください。二つの文章を比べると、修正によって素材文 1-b の中のゴシック体で示された部分が付け加えられたことがわかります。この修正にはどのような効果があるでしょうか。表 4-1 の下の（a）から（c）に述べられた効果があるかどうか、どの効果があるかを考えて、表 4-1 に当てはまる効果の記号を書き入れてください。

素材文 1-a：活動報告

災害看護学教育ワークショップ実施経過報告書（成果の説明の部分）

　今回行ったワークショップを通じて、参加した教員が災害看護学教育の意義や必要性を理解し、そのために必要なリーダーシップ、知識・技術を修得し、さらに、参加者同士の交流を通じて、参加者の所属する 8 大学間に災害看護学導入のための人的ネットワークが形成された。今後、協働してカリキュラムや教材を開発していくものと期待される。

素材文 1-b：活動報告

災害看護学教育ワークショップ実施経過報告書（成果の説明の部分）

　ワークショップの**成果は次の 2 点である**。第 1 に、参加した教員が災害看護学教育の意義や必要性を理解し、**この教育の導入・推進に必要なリーダーシップ**のとり方と知識・技術を習得し、**災害看護学を教授する技能を獲得した**。第 2 に、ワークショップ参加者同士の交流を通じて、彼らの所属する 8 大学間に災害看護学導入のための人的ネットワークが形成され、**災害看護学を看護教育の必須科目として確立していく基盤が作られた**。今後、**参加者が中心となった協働作業により**カリキュラムや教材が開発されると期待される。

表 4-1　付加された記述の効果

付加された記述	効果（複数選択も可）
ワークショップの成果は次の2点である。	
第1に、	
この教育の導入・推進に	
災害看護学を教授する技能を獲得した。	
第2に、	
災害看護学を看護教育の共通の必須科目として確立していく基盤が作られた。	
参加者が中心となった	

〈効果〉

(a) 当該部分の全体構造における位置づけやその後の展開が明確になる。

(b) 事実関係がより明確になる。

(c) 事実の示す意義が明確になる。

タスク① 分析　解説

　どのような文章であっても、その目的と読者を意識して書かなければなりません。社会的活動の報告書や記録は、誰に、何を伝えるために書くのでしょうか。最も重要な目的は、他の人に当該の活動の内容と成果を伝えることです。しかし、これではまだ十分に明確ではありません。「他の人」とは誰か、どのような人か、掘り下げて考えてみる必要があります。

　素材文1の報告であれば、「ワークショップ」という活動を命じた（あるいは許可した）機関に対して、経費に見合う成果があったことを訴える必要があると考えられます。成果の評価者の中には、その分野の専門家ではない人もいるかもしれません。このことが意味するのは、社会的な報告は、何がどうだったと事実だけを述べるのでなく、それが何の役に立つのか、逆に何を阻害していたのか、どれほどの評価に値するものかなどの活動の「意義」を、内容について専門的知識を十分に持たない人にも理解できるように述べる必要があるということです。たとえば、「8大学間に災害看護学導入のための人的ネットワークが形成された」という記述を読んで、類似の体験がない人は、ネットワークが形成されると何がいいのだろう、仲良くなってお互いに助け合えるのはその人たちにとっては確かにいいだろうが、それだけではないのかと、思ってしまうかもしれません。この事実が、「災害看護学の普及」という目的にどう貢献するのかを明らかにしておくことが必要です。

　報告書や記録に限らず、実務的学術的文章全般において大切なことは、読者の「情報処理」にかかる負担を最小化することです。読者があれこれ補って考えなければ全体像がつかみにくい文章は、「読みにくい」と思われて、内容に対する評価も低くなる恐れがあります。事実関係を過不足なく説明するとともに、全体を予告する文や、談話標識*を用いると効果的です。

　　　＊「談話標識」とは文と文との論理的関係を示す接続表現のことです。たとえば、「はじめに、次に、さらに……」のように並列されるものの順番を示す表現や、「したがって、しかし」のように順接や逆接の関係を示す表現などが含まれます。

4.2　情報が適切に分類されていない文章

■ タスク ② 分析

（1）　素材文 2-a は、日本語教育学の研究論文の一部です。「X 国の大学が日本語母語話者である教師にどのような要求を持っているか」を研究主題としている論文の、研究方法を述べている部分です。素材文 2-a の各文がどのような情報を伝え、全体の中でどういう機能を示しているかを、分析してください。分析の利便のために各文には①②…と、もともとの論文には含まれていない番号がつけられています。一部の文についてはすでに分析が示されています。

素材文 2-a：研究論文の一部（研究方法説明）

研究主題：X 国の大学は母語話者教師に何を要求しているか

　①本研究では、X 国の大学が日本語母語話者の日本語教師をどのような基準で評価しているかを明らかにするための調査を行う。

　②調査対象を X 国に特化し、X 国の大学において重視される日本語母語話者の教師の能力を明らかにするためには、X 国の教育環境に適合した質問項目を選定する必要がある。③田中（2006）は、学習者が求める日本語教師の行動特性を調査するにあたり、Clark（1976）の調査で明らかになった外国語教師が備えるべき行動特性 36 項目を改編して 30 項目を質問項目として、九つの国と地域の学習者を対象に調査を行っている。④X 国もこの調査対象国の中の一つで、この研究によって X 国の学習者が求める教師像の概略を明らかにしたことは、大きな成果と言える。⑤そのため、ここで使われた項目を質問項目として援用することが有効であると考えられた。⑥しかし、田中（上掲）において、X 国は複数の対象国の一つとしての位置づけで、質問項目には X 国の状況が深く反映されていない。⑦そのため、この質問項目だけでは X 国での要求と評価基準について詳しく知ることができない。⑧以上から、本研究では、佐藤（2008）で行われた手法を取り入れたいと考えた。⑨佐藤（上掲）では、対象国の教員 7 名と元学習者 7 名に母語による半構造化インタビューを行って、問題事例と成功事例の記述をデータとして収集し、そのデータから内容分析の手法で抽出した概念に基づく質問項目を用いている。

　⑩そこで、本研究でも、教育経験者と元学習者に、自由記述を主体とした母語による質問紙調査を行って具体的な記述を収集し、そこから抽出された概念をもとに作成した質問項目を田中（上掲）の質問項目に加えて、最終的な質問項目を決定することにする。⑪この予備調査の方法は、下の通りである。

表 4-2　素材文 2-a 中の各文の機能分析

	文	機能
①	本研究では、X 国の大学が日本語母語話者の日本語教師をどのような基準で評価しているか明らかにするための調査を行う。	研究の概要を示している。
②	調査対象を X 国に特化し、X 国の大学において重視される日本語母語話者の教師の能力を明らかにするためには、X 国の教育環境に適合した質問項目を選定する必要がある。	研究方法の必要条件を述べている。
③	田中（2006）は、学習者が求める日本語教師の行動特性を調査するにあたり、Clark（1976）の調査で明らかになった外国語教師が備えるべき行動特性 36 項目を改編して 30 項目を質問項目として、九つの国と地域の学習者を対象に調査を行っている。	先行研究の一つ、田中（2006）の概要を述べ、その後の議論の基礎となる情報を提供している（事実の記述）。
④	X 国もこの調査対象国の中の一つで、この研究によって X 国の学習者が求める教師像の概略を明らかにしたことは、大きな成果と言える。	
⑤	そのため、ここで使われた項目を質問項目として援用することが有効であると考えられた。	自分の研究の方法にとっての示唆を述べている（判断）。
⑥	しかし、田中（上掲）において、X 国は複数の対象国の一つとしての位置づけで、質問項目には X 国の状況が深く反映されていない。	
⑦	そのため、この質問項目だけでは X 国での要求と評価基準について詳しく知ることができない。	
⑧	以上から、本研究では、佐藤（2008）で行われた手法を取り入れたいと考えた。	
⑨	佐藤（上掲）では、対象国の教員 7 名と元学習者 7 名に母語による半構造化インタビューを行って、問題事例と成功事例の記述をデータとして収集し、そのデータから内容分析の手法で抽出した概念に基づく質問項目を用いている。	
⑩	そこで、本研究でも、教育経験者と元学習者に、自由記述を主体とした母語による質問紙調査を予備的に行って具体的な記述を収集し、そこから抽出された概念をもとに作成した質問項目を田中（上掲）の質問項目に加えて、最終的な質問項目を決定することにする。	
⑪	この予備調査の方法は、下の通りである。	

（2） 素材文 2-a を、下のような点について、観察してください。

(a) ①の文は、後続の全体をまとめているか。

(b) 第2段落の各文（②〜⑨）によって提示される情報は、同じカテゴリーに属するか。

(c) ②〜⑨の文は、どのような順序で配列されていると考えられるか。情報内容と接続表現（そのため、しかし、以上から、そこで）を手がかりに考えてみよう。

（3） 上の観察から、書き直すとすれば、どのような点を改めるか、考えて書いてください。友人とも話し合ってください。

（4）　素材文2-bは、素材文2-aを書き直したものです。冒頭の段落が後続の内容を簡潔に示唆することに成功しているか、判断してください。

素材文2-b：研究論文の一部（研究方法の説明）

研究主題：X国の大学は母語話者教師に何を要求しているか

　本研究では、X国の大学が日本語母語話者の日本語教師をどのような基準で評価しているのかを明らかにするために、田中（2006）が用いた調査項目に、佐藤（2008）が行った方法で抽出した質問項目を加えて、調査を行った。

　田中（上掲）は、日本語母語話者に対する学習者の要求を、X国も含む九つの国および地域で調査している。田中が用いたのは、Clark（1976）の調査で明らかになった外国語教師が備えるべき行動特性36項目を一部改編して30項目とした質問紙で、教師の行動や能力を総合的に調査し、文化や教育制度の異なる諸地域の比較を行っている。一方、佐藤（2009）は、本調査の調査項目を決定するために、対象国の教員と元学習者に母語による半構造化インタビューを行っている。問題が生じた事例と成功事例の記述を予備調査で収集し、このデータから内容分析の手法で抽出した概念に基づく質問項目を作成して、本調査に用いているのである。

　田中（上掲）の調査項目は、総合的である反面、質問項目の示す内容がやや抽象的で、母語話者日本語教師に対する要求を具体的に捉えにくい。一方、佐藤（上掲）の調査は、問題場面の行動についての質問が3割を占めるなど、調査分野にやや偏りがあり、予備調査対象者の代表性の確保にも疑問が残るが、母語を用いたことによってY国の人々の自由な語りを引き出し、そこから具体性のある質問項目を作成して、Y国の人々が期待する日本語教師の具体像を引き出すことに成功している。

　本研究では、田中（上掲）が用いた調査項目を基本的に踏襲するが、X国の事情をより掘り下げて把握するため、佐藤（上掲）の方法を参考にして、予備調査を実施した。本調査の質問紙は、X語による自由記述を主体とする予備調査のデータから抽出された質問を加えて作成した。以下に、予備調査とそこから質問項目を抽出した手順を述べる。

（5） 素材文 2-b の第 3、4 段落の情報内容と機能を記述して、下の表 4-3 を完成させてください。

表 4-3　素材文 2-b の構造分析

段落	情報内容	機能
第 1 段落	目的と方法論の概略	後続の方法論についての議論を予告している。
第 2 段落	参考にした二つの先行文献の概要	議論の基礎となる情報を提供している。
第 3 段落		
第 4 段落		

4.3　適切な「ラベル」のない文章

「ラベル（label）」とは、内容全体を示唆する簡潔な表現です。適切なラベルが先に示されていると、その後の記述を全体に位置づけながら読むことができ、理解のための負担が格段に軽減されます。

■ タスク ③ 分析

（1）　素材文 3-a は、ある事業の申請書の一部です。多くの申請の中からこの申請が採用されれば、事業への財政的支援が得られるため、この事業が支援に値するものであると読み手（＝審査者）に納得させることを目的としています。素材文 3-a は申請書の冒頭部分で、X 市にある三つの大学が連携して新しい教養教育を展開しようという企画の事業概要を述べるものです。五つの段落は、それぞれ、どのような機能を持っていますか。それらは十分明確に示されているでしょうか。各段落、各文の主旨は、十分明確でしょうか。友人とも話し合って、表 4-4 を完成させてください。一部は、すでに記入してあります。（段落の前にある①〜⑤の番号は、タスクの利便のためにつけたもので、もともとの文章にはありません。）

素材文 3-a：事業申請書の一部（概要部分）

A大学・B大学・C大学連携による新たな教養教育構築事業計画書

　①本連携事業の趣旨を一言で述べれば、「A大学、B大学、C大学が、地理的好条件（すべてX市にある大学である）や三大学の強みである『教育』『医療保健』『工学』等のテーマに係る教育資源を有効に活用することで、『人間の価値と可能性の追求』という視点からの教養教育を展開し、豊かな教養を備えた人材を育成すること」である。

　②本事業では、各大学がすでに開講している教養科目を三大学の学生すべてが履修することを可能にする単位互換制を導入するのではなく、将来の職業人としての資質向上につながるような新しい教養科目を開設する。具体的には、三大学が育成を目指す人材像に共通に寄与する基本概念として「人間の価値と可能性」に着目し、三大学の教育資源を共同利用することで、これまでの枠組みを超えた「豊かな教養」につながるような科目を構成する。

　③さらに、「人間の価値と可能性」について講義で学習するだけでなく、「地域における実地研修」を含め、三大学の学生が共に学習し、コミュニケートする場を設定する。これらの取り組みによって、各大学の従来の教養科目や専門科目での学習からは得られない豊かな教養をもった人材を育成する。

　④また、三大学による教養科目が整備・洗練されていけば、市民講座という形でそれらを市民に提供することや、三大学間のさらなる連携の推進（教養教育センターの設立など）に発展していくことなども期待される。

　⑤以上のことから、本連携事業は、文科省の「大学の機能別分化」で挙げられている7項目のうち、「総合的教養教育」や「地域の生涯学習機会の拠点」に主として対応するものと言える。

表 4-4　素材文 3-a の段落機能分析表

	段落の機能	機能を推測する根拠となる記述	コメント
①	事業の全体像を述べる	趣旨を一言で述べれば、「……こと」である。	
②	教育内容の説明	…新しい教養科目を開設する。具体的には、…科目を構成する。	
③	教育方法？　教育内容？	講義で学習するだけでなく、……コミュニケートする場を設定する。	・「さらに」で始まるから、②の続きだと思ったが、内容を読むと、「教育内容」よりは「教育方法」の話をしているようだ。
④	発展の計画	……発展していくことも期待される。	
⑤	本事業の意味づけ	本連携事業は……対応するものと言える。	

（2） 素材文 3-a を読んで、各段落の表現が十分明確か、的確か、検討してください。友人とも話し合って、疑問に思われることを挙げてください。段落①については、すでに 2 件のコメントが挙げてあります。

表 4-5　素材文 3-a の表現分析

① ・「一言で述べれば」とあるが、一言というには長い。これを省いて、直接主旨の記述を始めたほうがよい。 ・「人間の価値と可能性の追求という視点」とあるが、「視点」というよりも、これは目指すべき対象、「理念」といったものではないだろうか。
②
③
④
⑤

（3） 素材文 3-b は、素材文 3-a を修正したものです。修正された文章には、下の（a）から（e）のような工夫が施されていると考えられます。それぞれの工夫の例であると思われる部分を、一つ以上抜き出して下の表 4-6 に記入してください。友人がどのような部分を抜き出しているか、見てください。

　　(a) 不要な語を省き、逆に、関係を明示する語を加えた。
　　(b) ひとかたまりの情報を頭から途切れずに読み下せるようにした。
　　(c) 内容を詳しく説明し、具体的な内容が理解されるようにした。
　　(d) 段落など、ひとかたまりの部分の内容を予告するラベルとなる文を付加した。
　　(e) ひとかたまりの内容の種別（カテゴリー）を表す表現を付加した。

素材文 3-b：事業申請書の一部（概要部分）

A 大学・B 大学・C 大学連携による新たな教養教育構築事業計画書

　本連携事業の趣旨は、A 大学・B 大学・C 大学がすべて、自然に恵まれ歴史ある「X 市」に立地するという好条件を背景に、「人間の価値と可能性の追求」を理念として、三大学の強みである「教育」「医療保健」「工学」等のテーマに関連する教育資源を有効に活用する教養教育を展開し、豊かな教養を備えた人材を育成することである。

　本連携事業では、これまでの教養教育の実績を土台に新しい教養科目を提供する。単に各大学の教養科目を他大学の学生が履修することを可能にする単位互換制を導入するのではなく、将来の職業人としての資質を向上させる新しい教養科目を開設する。具体的には、三大学が育成を目指す人材像に共通する特徴を「人間の価値と可能性を追求する市民社会の一員」とし、三大学の教育資源を共同利用することによって学生への刺激を多様化する。これまでの枠組みでは促進が難しかった「多面的な思考」を土台とする教養の涵養に資する科目を構成する。

　さらに、教育方法にも工夫を加える。講義を通して「人間の価値と可能性」についての認識を深めるだけでなく、「地域における実地研修」など、三大学の学生が同じ場を共有して意見交換を行い自主活動に発展させる場を複数提供する。それによって、専門の異なる学生が互いに刺激し合って新たな発想のもとに自主的に活動することを可能にし、自ら人間の尊い価値と豊かな可能性を発見するよう促す。こうした取り組みによって、各大学の従来の教養科目や専門科目の中では誘発しにくかった能動的な活動を生じさせ、人間関係構築・維持能力と豊かな教養とを備えた人材を育成する。

　発展の方向としては、三大学による教養科目が整備・洗練された段階で市民への公開講座という形でそれらを市民に提供することや、共同の教養教育センターを設立して三大学間の連携を一層強化することを考えている。

　最後に、本事業によって三大学が果たそうとしている役割を、文科省「大学の機能別分化」の枠組みに依拠して述べれば、本連携事業は、文科省のあげる 7 項目の中の「総合的教養教育」と「地域の生涯学習機会の拠点」を提供するものである。連携によって、この地域に立地する三大学がこの地域に対して果たすべき責任をよりよく担うことができると考えられる。

表 4-6　素材文 3-b に見られる表現の修正例

① 「不要な語を省き、逆に、関係を明示する語を加えた」例

② 「ひとかたまりの情報を頭から途切れずに読み下せるようにした」例

③ 「内容を詳しく説明し、具体的な内容が理解されるようにした」例

④ 「段落など、ひとかたまりの部分の内容を予告するラベルとなる文を付加した」例

⑤ 「ひとかたまりの内容の種別（「カテゴリー」）を表す表現を付加した」例

タスク③ 分析　解説

　「言葉としてはわかるが、具体的な像を結ぶことができない」「形式は整っているように見えるのに、情報がすっきりと頭に入らない」という問題は、外国語で書くときばかりでなく、自分の母語で、しかも、よく知っている事柄について書くときにも、しばしば見られます。これは、議論がそこに収束していくはずの中心的メッセージを自分の頭の中で十分に明確化していないか、述べる事柄と中心的メッセージとの関係を十分に吟味していないからです。内容の「カテゴリー」が明確化され、それを示す「ラベル」がつけられていると、情報の内容と中心的メッセージとの関係がすぐわかり、全構造を把握しやすいため、混乱せずに書き進めることができ、読者にとっても読みやすい文章となります。

　読みやすい文章を書くためには、全体および局所的な中心メッセージと、各情報がそれに対してどんな関係にあるかを考え抜くことが必要です。次のような点を心に留めておくと、役立つことが多いと考えられます。

　一つは、談話標識（接続詞など）を安易に使わないようにすることです。素材文３の修正前の文は、「さらに」「また」「以上のことから」という語が使われていて、議論の流れが一見明瞭に示されているように感じられますが、実は、これらの語から想像する内容とは異なることが述べられていて、読者はかえって混乱します。談話標識は、後続する情報の全体における位置づけを予告するものですから、具体的なまとめの言葉より抽象度が高いですが、ある種の「ラベル」であると言えます。談話標識を「次に進むときのかけ声」のように使わないように留意しなければなりません。特に、「また、そして、ここで」などは、比較的どこでも矛盾なく使えるように感じられるため、要注意です。

　次に、「使いやすい、かっこいい言葉」を安易に使わないようにすることです。例題の文章から拾うとすれば、「視点」「問題」「枠組み」などは、使いやすいだけに危険度が高いと言えます。カタカナ語などについても、同じことが言えるでしょう。

　さらに、何かを定義・説明するためには、「Xではない」という否定形でなく、肯定形で記述することが重要です。例題の修正前の文章には、「各大学の従来の教養科目や専門科目での学習からは得られない豊かな教養」と書かれているのですが、「Xではない何か」というのは、Xではないすべてを指し得るわけですか

ら、漠然としています。訂正後は、「人間関係構築・維持能力と豊かな教養」と、中核的特徴が述べられているため、筆者の言いたいことがわかります。「〜なもの」は一つですが、「〜ではないもの」はいろいろありますから、否定形で何かを説明するのは効率が悪いと言えます。

　わかりにくい文章をわかりやすくすることは、単なる「語の入れ替え」によってできることではありません。「言語の形」を整えるためには、「概念」の整理・明確化が必要です。しかしまた、概念の整理・明確化も、言語の整合性を追求することによって進行すると言えます。概念と言語の間には相互に密接な関わりがあることに留意してください。

第4章のまとめ

わかりにくい文章には、次のような特徴が見られました。
  (1) 事実が述べられているだけで、その事実が何を言おうとしているかわからない。
  (2) 同じ種類の情報が、あちこちに出てくる。
  (3) 具体的情報が出てきても、それらをどう位置づけたらよいかがわからない。
  (4) 具体的情報をまとめる概念がわからない。それを把握するためのラベルがない。

上のことから、わかりやすい文章は次のような条件を備えていると言えます。
  (1) 事実だけでなく、その意義が示されている。具体的情報を位置づける措置がとられている。
  (2) 同様の情報がまとめられている。
  (3) あるまとまりの全体を簡潔に示す表現（＝ラベル）がある。

column ❷

論文を寝かせる？　熟成法

　「論文を寝かせる」という表現を聞いたことがありますか。これは、論文提出の締め切りの前に、しばらく時間をおいてから再度、新たな目で推敲を行う方法です。

　誰でも質の高い論文を書きたいと思うことでしょう。そのためには、熟慮に熟慮を重ね、時間をかけて何度も推敲作業を行うことが重要です。長い論文なら、5分や10分ではなく、何日もかけて推敲するべきです。そうは言っても、みなさんも忙しく、なかなか計画的に進められない場合も多いのが現実です。しかし、改めて注意喚起したいことは、論文提出には締切りがあり、原著論文ではページ制限（学術雑誌によって8ページから20ページ程度）があるということです。そうした時間的・紙面的制約の中で、時間の管理を上手にしなければ、提出が間に合わずに単位取得が不可能となるか、質の高くない論文しか書けず、他者からの評価を十分に得ることができません。

　もし、みなさんが、締め切り直前にほとんど徹夜で執筆し、翌朝速達あるいはEメールで提出したらどうなるでしょうか。推敲のための時間がまずとれていない極めて「危険な」状態で提出をしている可能性が高いでしょう。1日でも2日でも余裕を持って、何度か執筆作業から離れ、頭を別のことに使い、時間をおいて再び論文を読者としての目でチェックしてみてください。特に、深夜に急ピッチで執筆作業を行った場合には、翌朝、再び読めば、「この論理は主観的で強引だ」とか「文献リストに情報が不足していた！」、あるいは「主語と述語が不整合だ」といった問題、あるいは誤字脱字や文法ミスなどのケアレスミスにいくつも気づくはずです。

　そういった「危険な」状態を避けるために、締め切り前にはぜひ一度、執筆作業を離れて、論文を「寝かせて」ください。また新たな気持ちで、前に見えなかった不適切さやミスによく気づくことができます。この寝かせる方法と推敲の重要性を理解していない初心者は、たいてい締め切りまでの段取りを、信じがたいほど甘く見積もりがちです。「直前にがんばれば何とかなる」などと安易に考えずに、時間をかけて真剣に論文と向き合うよう心がけてください。

第5章 文章の目的から構成を考える

　第4章では、問題を含む文章例を読んで問題点を探り、分類しました。この章では、それらの問題点のうち、特に文章の目的と構成に関する観点から、文章を分析し、評価します。

　文章は目的に応じて、適切な構成を選ぶ必要があります。構成を適切に選ぶためには、その文章の目的にかなった「構成要素」にどのようなものがあるのかを、事前に認識しておく必要があります。この「構成要素」を用いたタスクによって、自分自身の文章を作成する場合に、**文章のタイトルやセクション、段落のそれぞれの目的によって情報を適切に配置できるよう**、「意識化」を進めることができます。

　このような意識化が進めば、論文などを読む場合にも、内容把握がしやすくなり、また、自分自身の論文を書く際にも、構成が立てやすく、論文に入れるべき情報を整理しやすくなります。

5.1 文章の構成要素とは

🦒 タスク① 内省

　どのような文章にも構成があります。たとえば、手紙やEメールでの案内文書などにも、目的とメッセージに応じた構成が存在します。レポートや研究論文は、一般に「序論」、「本論」、「結論」の3部から成り立っています。その中で、たとえば「序論」に相当するセクションは、タイトルが「はじめに」や「研究の目的と背景」といった表現で示され、その内容を示す複数の「構成要素」から作られています。「序論」の構成要素として、どのようなラベルがつけられるか、以下の例を参考に考えてください。あとで、友人と結果について意見交換をしてください。

　構成要素の例：研究の目的、研究の背景

タスク① 内省　解説

　研究の報告や論文における序論を構成する要素は、一般的に、下のようなものが、この順で配置されています。分野によっては、多少バリエーションがあります。たとえば、先行研究について序論でまとめられる場合と、本論の最初に「〜に関する先行研究の概観と本研究の位置づけ」というような名称で、1章を設けて詳しく述べられる場合があります。自分の分野の論文を、構成要素の観点から分析して傾向を確認しておいてください。

　「研究の目的」、「研究の背景」、「先行研究の概観」「本研究での課題の設定」、「研究の意義（社会への貢献等）」、「論文の構成の予告」

5.2 論文の序論部の文章

■ タスク ② 分析

　素材文1は、「A国人留学生の日本語学習におけるピア・ラーニング」というタイトルで書かれた論文の「序論部」です。5.1の**タスク①**で検討した「構成要素」が入っていますか。入っていれば表5-1に「有」、入っていなければ「無」と書き込み、それぞれの構成要素の適不適を、○か×で書いてください。不適切な場合にはその理由も考えて、表5-1を完成させ、結果について友人と話し合ってください。

素材文1：論文

A国人留学生の日本語学習におけるピア・ラーニング

　ライティング教育研究には、作文の誤用例分析、モデル論文などの文章分析、あるいは文章の評価基準の研究とか、いろんなものがある。ライティング教育に関する研究は最近盛んになっているが、話し言葉の教育に比べたら遅れている。教材は表現集やピア・ラーニング（協働学習）に基づいたものが開発されている。

　そこで、筆者はその中で、日本の留学生とA国の大学における日本語学習者のそれぞれにおけるピア・ラーニングの有効性について研究したい。A国人留学生は日本の大学に多く在籍している。なので、この研究は有意義であると言えよう。

　第2章では先行研究について説明し、第3章では筆者がA国の大学で行ったアンケートとインタビューの調査の結果をまとめる。第4章では論文スキーマの観点から総合的に考察を行う。第5章で結論と今後の課題を述べる。

表5-1 素材文1の構成要素とその適切性についての分析

構成要素	構成要素の有無	適切性の有無	不適切な場合の理由
研究の目的			
研究の背景			
先行研究の概観			
研究課題の設定			
研究の概要			
研究の意義（社会への貢献など）			
論文の構成の予告			

5.3 同人誌に投稿する社会問題についての論説文

📺 タスク③ 分析

（1） 素材文2は、ある留学生が、大学の「時事問題研究会」というサークルが発行する同人誌に投稿するために、最近の母国の社会における問題を科学技術の発展の観点から書いた論説文です。論説文とは、問題を提起し、それに対する見解を述べる文章です。素材文2を構成している3段落の機能はどのようなものか、第1段落の例をもとに、第2、第3段落についても述べてください。

素材文2：論説文

母国B国の社会問題

アンディ田中

　20世紀以降の科学の著しい発展によって、人々の暮らしは大変便利になった。私の母国B国においても、遠方にいる友人と携帯電話で直接コミュニケーションをとることができ、それに、車や飛行機に乗って短時間で遠くへ旅行もできるようになった。さらに、コンピュータの発展も目ざましく、多くのコミュニケーションツールが使えるようになっただけでなく、コンピュータ上でのショッピングまで可能になっている。私も私の家族も友人も、コンピュータを大いに活用している。

　そんな発展の一方で、現在、B国の社会には多くの課題が残されている。たとえば、交通事故があちらこちらで起こっており、通学や通勤の安全が懸念されている。その他にも、環境問題が重大で、工業発展のため、空気や水が汚染されてきた。そのことが原因で、健康を害する人々の問題が明らかになってきた。急激な工業化による開発が進んだために、動物の生活範囲も狭くなり、動物の種類が次第に減少している。さらには、インターネットではさまざまなゲームがあるので、特に多くの子供や若い世代の人々は、運動よりコンピュータで遊ぶ方を好む傾向が見られる。それは不健康な生活スタイルである。特に学校ではネット上でのいじめも問題視されており、いじめをきかっけとした深刻な事件に至ることさえある。

　すべての問題は一朝一夕には解決が不可能である。これからは、科学の発展と同時に、環境保護に注意し、さまざまな安全に注意し、コンピュータを悪用しないように、学校ではいろいろと規制したほうがよいと思われる。そうすれば、人々の生活環境も改善され、より美しい環境で生活すれば、運動量も多くなり、健康にもよいと思われる。何より、私たち一人一人がもっと社会問題に注目し、自分ができることから実行に移していくことが重要であろう。

第1段落：文章の主題である「社会問題」の背景となる科学の発展についての説明

第2段落：＿＿＿＿＿＿＿＿＿＿＿＿＿＿＿＿＿＿＿＿＿＿＿＿＿＿＿＿＿＿＿＿

第3段落：＿＿＿＿＿＿＿＿＿＿＿＿＿＿＿＿＿＿＿＿＿＿＿＿＿＿＿＿＿＿＿＿

（2）　素材文2の各段落における情報の質と量は、それぞれ妥当でしょうか。不要な、あるいは不足している情報があれば、そう判断できる理由も含めて指摘してください。表5-2の空欄部分を完成させて、分析結果について友人と話し合ってください。

表5-2　素材文2の内容を構成する情報と質と量についての分析

段落	情報の質	情報の量	不適切な場合の理由
第1段落	文章の主題である「社会問題」の背景として、記述が妥当ではない。社会の発展に焦点をしぼって記述されている。	第1段落は、この文章の3分の1ほどを構成しており、主題の背景情報として、記述が長過ぎる。	社会問題が生じている背景が簡潔に述べられておらず、かつ、第2段落からの中心的議論を、論理的に十分に支える必要な情報であるとは言えない。
第2段落			
第3段落			

66

（3） 素材文2の文章全体において、表現上、問題はありませんか。あれば、その理由と改善案を、表5-3に書いてください。例も一つ入れてあります。表5-3の結果について友人と話し合ってください。

表 5-3　素材文2の表現分析

表現の問題箇所	その理由と改善案
・3行目：「それに」	・「それに」は話し言葉なので、「また」に変更する。

5.4　進学希望先大学院の教員への依頼文

■ タスク ④　分析

（1）　素材文3-aは、日本語学校に在学中の留学生リーさんがEメールで日本のある大学の大島教授に送った依頼状です。目的は、大島教授に研究生としての受け入れを承諾してもらうことです。目的を達成するために、必要な構成要素が含まれているかどうかを分析してください。友人とも意見交換をしてください。

素材文 3-a：依頼文

件名　：はじめまして
送信日：20XX年4月YY日

大島教授へ

拝啓
　桜の4月、だんだんあたたかくなってきました。先生もお元気ですか。
　突然のメールで失礼いたします。
　お忙しいところ申し訳ありませんが、自己紹介させていただきます。
　私はC国のLEE, JJ.と申します。2011年にD大学の日本語学部を卒業しました。日本語能力試験のN1に合格しています。今、東京にある「E日本語学校」で日本語を勉強しています。
　大学院への進学を考える時期になったが、今年の10月に先生の研究生として留学したいです。いろいろ留学情報を調べた上で、計画を立てた。大島教授の研究室に進学を希望し、20XX年10月から研究生として学び、その後、入学試験を受け、修士課程に勉強する予定です。私は日本に来て初めて大学院の日本社会文化研究科という名前を知り、大変興味を持ちました。
　中学や高校の時から外国語について興味を持っていましたので、大学の日本語学科に進学しました。卒業論文も日本語の文法と表現について書きました。大学3年の時に、学科の日本語作文コンクールで優勝しました。英語もTOEFL○○点を獲得していますので、運用能力は高いです。大島教授の研究分野に関心があるので、ぜひ教授の下で勉強したいと思っている。この夢を実現するため、まだ力不足ですが、今、日本語と専門知識を一生懸命に勉強中です。
　ぜひ、先生の下で研究したいと希望しております。先生の下で研究が可能かどうか、ご相談させていただきたく、ぶしつけながらこのようなメールをお送りいたしました。是非先生の研究室で研究する機会を与えてくださいますよう、心からお願い申し上げます。まだ朝晩は寒い日がありますが、ご自愛なさってください。先生のご健康とご活躍をお祈りします。ご返信をお待ちしております。
　　敬具

　　　　　　　　　　　　　　　　　　　　　　　　　　　　　　　　　　　LEE, JJ.

(2) 素材文 3-a を書いたリーさんが、目的を達成するためには、どのような構成要素（例：名前や所属先の紹介）が必要かを書いてください。

(3) 文章全体において、表現上、問題はありませんか。あれば、その理由も含めて指摘してください。表 5-4 を完成させて、分析結果について友人と意見交換してください。

表 5-4　素材文 3-a の表現分析

表現の問題箇所	その理由

（4） 素材文3-bは、素材文3-aを書いたリーさんが、友人の日本人の大学院生にコメントをもらって書き直した案です。素材文3-aと比べて、必要な構成要素が、適切な表現によって、適切な順序で配置されているかを分析してください。

素材文3-b：依頼文

件名　：研究生出願許可のお願い（LEE, JJ.）
送信日：20XX年4月YY日

XX大学大学院Y研究科
大島みち子先生

　初めてメールをお送りする無礼をお許しください。
　実は、本年の後期から、大島先生の研究室で研究生としてお引き受けいただきたく、以下にこれまでの私自身の経歴と今後の研究計画についてご説明いたします。
　私はC国のLEE, JJ.と申します。2011年にD大学の日本語学部を卒業しました。高校の時から外国語に興味を持っており、ZZ大学の日本語学科に進学しました。卒業論文は、日本語の文法、特に受け身文について、C語の場合と比較分析して書きました。現在、東京にある「F日本語学校」で日本語を勉強しており、日本語能力試験のN1に合格しています。
　今後、さらに日C対照研究の研究を進めていきたく、文法研究をなさっている大島先生のもとでぜひ研究生として引き受けていただきたいのですが、いかがでしょうか。
　研究計画書と履歴書を添付ファイルにしてお送りします。一度お目を通していただければ幸いでございます。
　XX大学Y大学院研究科の研究生募集要項を取り寄せて入学試験の日程などを調べたのですが、もし先生のご許可が得られ、本年8月の研究生の入学試験に間に合えばありがたく存じます。
　先生の下で研究させていただくことが可能かどうか、ご検討いただきたく、ぶしつけながらこのようなメールをお送りいたしました。お手数をおかけいたしますが、ご返信をいただけましたら、幸いです。どうぞよろしくお願い申し上げます。

　　　　　　　　　　　　　　　　　　　　　　　　　　　　　　　　　　LEE, JJ.

5.5 学内ニューズレターの「院生紹介コーナー」への投稿文

💻 タスク ⑤ 分析

（1） 素材文 4-a は、大学院工学研究科の情報工学を専門分野とする大学院生が、『工学研究科だより』の中の「院生紹介」コーナーに投稿する予定の記事（紹介文）で、読者は研究科内の教職員や大学院生です。このような記事の目的は何ですか。次の (a)、(b)、(c) の中から最も適切なものを一つ選んでください。

素材文 4-a：紹介文

みなさん、筆者は、E 国から来たラヒムです。日本は初めてです。子供の頃から日本のアニメや漫画に親しんできました。今は大学の近くの寮に住んで、毎日自炊しながらがんばっています。専門分野は情報工学です。特にコンピュータのハードウェアではなく、ソフトウェアに関する領域の研究をしています。研究の目的は、ユーザのニーズに応える最適なプログラムを開発することです。この専門分野には多くの領域があります。たとえば、OS、ソフトウェア工学、データベース、アルゴリズム設計、などで、筆者の領域は人工知能です。この領域では、コンピュータ上で知的に問題が解決されるソフトウェアを開発します。筆者が現在、特に研究したいテーマは、各ユーザのニーズに十分に適応できるソフトウェアを作ることです。したがって、筆者は、コンピュータによる学習技術を活用することにより、一人一人の行動パターンを一定程度把握し、その結果からアルゴリズムによって適切な方策を提供するソフトウェアを開発する予定です。修士課程を修了した後は、日本の企業に就職して専門の知識と技能を生かすつもりです。

(471字)

(a) （　）工学の中で、細分化されたどのような分野があるかの情報を、関係者に詳しく知らせる。

(b) （　）工学研究科の関係者に対して、研究上の情報交換の機会を増やし、研究を活性化させる。

(c) （　）工学の中の興味深い研究分野や、個々の研究室文化を紹介し、教職員だけでなく学生同士の交流を深めるための情報を提供する。

（2） 素材文 4-b は、投稿者が博士課程の先輩からコメントをもらって書き直した文章です。ニューズレターに投稿する記事には何を中心に書けばよいかを考えて、素材文 4-a と、書き直された素材文 4-b とを比較してください。改善された箇所を段落ごとに示し、改善されたと判断した理由を、表 5-5 にまとめ、友人と意見交換をしてください。なお、記事は、600 字以内で書くものとします。

> **素材文 4-b：紹介文**
>
> 　私は、B 国から来たラヒムです。日本は初めてですが、子供の頃から日本のアニメに親しんできました。今は大学の近くの寮に住んで、時々自炊もしながらがんばっています。
> 　専門分野は情報工学で、人工知能に関する領域を研究しています。この領域では、コンピュータ上で知的に問題が解決されるソフトウェアを開発します。
> 　みなさんは、自分のニーズにぴったりと応えてくれるソフトウェアがほしくありませんか？　私の研究目的は、ユーザのニーズに最適なプログラムを開発することです。そのために、コンピュータによる学習機能を活用して、一人一人の行動パターンを一定程度把握します。その結果からアルゴリズムによって適切な方策を提供するソフトウェアを開発する予定です。修士課程修了後には、日本の企業に就職して専門の知識と技能を生かすことが夢です。
> 　ソフトウェア開発についてご関心をお持ちの方は、以下のメールアドレスにご一報ください。研究上の情報交換ができれば大変ありがたいです。一方で、日本のアニメに興味がある方、お昼か晩に学内の食堂で一緒に食事しながら、アニメ談義をしませんか。毎日しっかり研究をしながら、たまにそのようなリフレッシュもできれば、私にとっては最高です！
>
> （550字）

表5-5　素材文 4-a と 4-b との比較分析

改善された箇所	改善されたと判断した理由

第5章のまとめ

(1) 文章にはそれぞれ目的がある。文章の構成は、その目的に合ったものでなければならない。

(2) 文章の目的に合った構成を考える際には、「構成要素」を把握することが重要である。文章の目的に合った「構成要素」が決まれば、書く内容とその配置を考えやすくなる。

(3) 文法や表現が正確であっても、文章の構成が明確でなければ、その文章は論理的とは言えず、読み手に対して十分にメッセージを伝えられない可能性が高い。

(4) 論文やレポートに限らず、他に、読み手に依頼や説得を行う文章の場合にも、文章の構成は非常に重要度の高いものである。そこで失敗をすれば、依頼や説得といった書き手の目的が達成されない結果となる。そうならないよう、文章作成の場合には、十分な注意と事前の準備が必要であることを意識しておきたい。

私の発見

第6章
論理の一貫性を考える

　第5章では、文章中の構成要素にはどのようなものがあるかを学び、その構成要素をもとに、さまざまな文章を分析することで、問題点を明らかにしてきました。その中には、**論理**に関するものもあります。本章で扱う**論理**は、文章の構成要素の要(かなめ)であり、文章全体の構成を貫く重要な柱となる概念です。論理が通っていない文章であると読者に判断されることは、アカデミックな文章としては致命的な失敗です。文章作成の際には、ぜひ慎重に**論理構成**に注目し、十分に推敲してください。

　本章では、段落内、段落間の論理展開の問題に焦点を絞って、文章を分析し、評価します。それらのタスクによって、文章を作成する場合の、**1文と1文との関係、複数の文同士の関係**、あるいは、**段落と段落との関係、文章全体の一貫性**について「意識化」を進めてください。1文内の文法や表現が日本語として問題がなくても、文章の全体構造か一部において、論理の一貫性に問題があれば、アカデミックな文章としてはマイナス評価を受けてしまいますので、特に注意が必要です。

6.1 論理の一貫性とは

🖉 タスク① 内省

（1） 素材文1-aは、修士課程の大学院生が書いたある論文の一部です。筆者が高く評価している「作文協働添削活動」に関する調査結果とその分析をまとめた部分です。なお、**2.2**の小見出しは、「作文協働添削活動が、自己モニター能力の向上に役立つ」という筆者の主張を示すために書かれています。素材文1-aの文章で、特に論理的に問題があると思われる箇所を探し、なぜそう判断するのか、その根拠を述べてください。それについて、友人と意見交換をしてください。

素材文1-a：論文（「結果と考察」の一部）

2.2 自己モニター能力の向上

　本研究のインタビュー調査結果から、学習者が教師によってチェックされた自分の作文を十分に読まず、しばしば同じ誤用を繰り返すという問題点について、分析した。そして、教師は作文協働添削に期待する効果の一つとして、「学習者は自分の気づかなかった点を認識することができ、批判的思考を促進する」と指摘した。学習者へのアンケート調査において、作文協働添削を通して、「ほかの人の表現から学んで、自分が文章を作成するときに間違えないように注意するようになった」という回答が多数見られた。作文協働添削を通して、批判的に文章を読む能力が養成され、自己モニター能力の向上も期待できることから、教師による添削のコメントが学習者には十分に認識されていないという現状に、役に立つと考えられる。

（2） 素材文1-bは、素材文1-aを書いた大学院生が、博士課程の先輩から何度もコメントを受けて書き直したものです。素材文1-bが素材文1-aに比べて明らかに改善されたと思われる点を、友人と相談しながら、書き出してください。特に、段落と段落、および、段落内のそれぞれの論理展開が、素材文1-aのものと比べてどう修正されているかに着目してください。

素材文1-b：論文（「結果と考察」の一部）

2.2 自己モニター能力の向上

2.1で示したように、本研究の調査協力者である教師20名に対する、調査1でのインタビューの結果、学習者は、教師からの作文に対するフィードバックのコメントを十分に読まず、しばしば同じ誤用を繰り返すという問題の存在が明らかとなった。その問題を作文の授業や個別指導の方法の観点から分析した結果、1クラス20名以上の授業において従来行われてきた作文の授業や指導の方法には限界があり、学習者自身の内省、すなわち自己モニターができていないことがわかった。

一方で、調査2における教師へのインタビューにおいては、協力者の70％に相当する14名の教師は、学習者が協働で行う「作文協働添削」に期待する効果の一つとして、「学習者は自分の気づかなかった点を認識することができ、批判的思考を促進する」と指摘した。調査3の学習者へのアンケート調査の結果からも、調査協力者とした80名のうち80％に該当する64名が、「作文協働添削」を通して、「ほかの人の表現から学んで、自分が文章を作成するときに間違えないように注意するようになった」と回答した。つまり、学習者は、自身の文章作成や推敲の際に、モニターすることの重要性を意識できるようになったと言える。

教師および学習者に対する上記の調査結果から、「作文協働添削」を通して、学習者は批判的に文章を読む能力が養成され、自己モニター能力の向上も期待できると言える。（後略）

6.2　タイトルとアウトライン

🖥 タスク② 分析

（1）下にレポートのタイトルの案が示されています。これらのタイトルは適切と言えるかどうかを判断し、表6-1に、適切なものには○、そうではないものには×、判断できないものに△をつけてください。また、その判断の根拠も表6-1に書いてください。それについて、友人と意見を交換してください。

【タイトル案】
　（ア）若者ことばをめぐる一考察
　（イ）災害と事故から見た原発
　（ウ）欧米諸国の女性の地位向上のための法律の影響と日本の実態
　（エ）ナノテクノロジーと人々の生活
　（オ）日本と中国と韓国の大卒者の就職事情の比較から

表6-1　五つのタイトル案の分析

タイトル記号	タイトル	適切か不適切か	判断の根拠
（ア）	若者ことばをめぐる一考察		
（イ）	災害と事故から見た原発		
（ウ）	欧米諸国の女性の地位向上のための法律の影響と日本の実態		
（エ）	ナノテクノロジーと人々の生活		
（オ）	日本と中国と韓国の大卒者の就職事情の比較から		

（2） 下には、レポートの目次案が示されています。この目次案は、適切でしょうか。適切でなければ、何の問題か、たとえば、構造の問題か、厳密性の問題か、あるいは、概念の定義のあいまいさの問題か、を考えてください。これについて友人と意見交換をしてください。

【レポートの目次案】

タイトル：雇用状況の比較―X国と日本―

 1. はじめに
 2. 雇用状況：日本の場合
  2.1 失業率の推移
  2.2 失業率上昇の原因
 3. 雇用状況：X国の事例
  3.1 失業率の推移
  3.2 若者の就職事情
  3.3 X国政府による介入
 4. 日本とX国の比較考察
 5. 結論

（3） 下には、論文の目次案が示されています。「結果」までのところで問題点があれば、指摘してください。また、その原因は何か、たとえば、構造の問題か、厳密性の問題か、あるいは、概念の定義のあいまいさの問題かを考えてください。これらについて友人と意見交換をしてください。

【論文の目次案の一部】
1. 本研究の背景
2. 本研究の目的と概要
    2.1 本研究の意義
    2.2 本研究の位置づけ
    2.3 本研究の対象と方法
3. 先行研究の概観
4. 先行研究の問題点
5. 結果
6. 考察
7. 総合的考察
8. 結論と今後の課題
9. 参考文献と付録
10. 謝辞

6.3 論述の目的による論理展開の違い

■ タスク③ 分析

(1) 素材文2-aは、大学院の研究生になることを志望しているある大学生が書いた「研究計画書」です。「研究計画書」は、大学院への応募書類の一つとして要求されているものです。提出する前に、かつて指導を受けたことのある教員に添削指導を受けたいと思って、その教員にメール添付で送付しました。この研究計画書を読んだ教員は、添削ができると思いますか。その理由は何ですか。次ページのヒントをもとに、問題を探して分析してください。あとで友人と意見交換をしてください。

素材文2-a：研究計画書

A国の大学における日本語学習者の留学と就職に関する研究

　A国の大学における日本語学習者は、英語学習者の次に多い。そして、日本のアニメ等のポップカルチャーに興味を持つ若者が増えており、そういった興味関心から、日本語を学び始める大学生も少なくない。最近、現地の日系企業への就職を希望する学生も急増しており、さらには、奨学金の有無にかかわらず、日本留学希望者も徐々に増加し続けている。そのため、本研究では、日本語を学ぶ大学生100人に対して、その動機、授業内外での学習方法、日系企業への就職希望の有無とその理由、日本留学への希望の有無とその理由等について質問紙調査を行い、その結果をもとに、大学での学習や研究活動における日本語学習の意義や位置づけについてまとめる。

　また、A国の大学の日本語教育歴10年以上の経験を持つ教員10人に対してもインタビューを行い、10年間に実際に教えた学生の学習動機や日本の文化等への興味関心の変化についてコメントを得る。また、学生への日本語の教授方法の変化についてもコメントを得る。

　さらに、できれば、現在日本に留学中のA国出身の大学院生についても、調査を行いたい。上記の100人の大学生の所属大学の出身者についてデータを集め、大学時代の日本語学習や日本留学の希望について調査・分析を行いたい。

　以上の結果をまとめて考察し、日本語の教育や学習支援、および日本留学の意義、日本語学習と就職との関係について明らかにし、日本語を通じたA国と日本との交流への貢献をしたい。

ヒント

(1) この文章の各段落で最も伝えたい内容は何か、考えてください。
(2) 大学院入学後に研究したい内容を報告するという目的を達成するために、文章にはどのような構成要素が必要か、それらがこの文章にもれなく入っているかを考えてください。
(3) 文章の目的から考えて、不要な記述はありませんか。
(4) 厳密に書いた方がよい箇所があれば、その部分を指摘し、理由を考えてください。

（2） 素材文 2-b は、素材文 1-a を書いた学生が、大学院の先輩のコメントを受けて書き直した文章です。素材文 1-a と比べて、どこがどのように修正されましたか。修正箇所とその評価を考えてください。これについて友人と意見交換をしてください。

素材文 2 b：研究計画書

A国人大学生のキャリア形成における日本語学習の位置づけ

　A国の大学で学ぶ日本語学習者は、英語学習者の次に多く、日本のポップカルチャーへの興味関心から、日本語を学び始める大学生も少なくない。最近、現地の日系企業への就職を希望する学生も増加しており、さらには、日本留学希望者も徐々に増加し続けている。

　このような現状を背景として、本研究では、A国人大学生の留学や就職といったキャリア形成の過程における日本語学習の位置づけについて、質問紙調査とインタビュー調査により、明らかにすることを目的とする。

　本研究は二つの調査から構成される。それぞれ、協力者は学生と教員である。

　まず、A国の北部、中部、および南部の総合大学で日本語を学ぶ大学生100人に対して、その動機、授業内外での学習方法、日系企業への就職希望の有無とその理由、日本留学への希望の有無とその理由等について質問紙調査を行う。その結果をもとに、大学での学習や研究活動における日本語学習の意義や位置づけについてまとめる。

　次に、A国の調査対象大学で日本語教育歴10年以上の長い教授経験を持つ教員10人に対してインタビューを行い、実際に教えた学生の学習動機や日本への留学、日本企業への就職に対する興味関心の変化についてコメントを得る。また、日本への興味関心のみならず、就職という実利的な目標を持った学生が増えていることから、学生への教授方法の変化の有無についてもコメントを得る。

　以上の結果をまとめ、A国の大学生のキャリア形成の観点から、就職や留学と日本語学習との関係について考察を行い、キャリア形成をサポートする日本語教育や学習支援のあり方について検討し、課題をまとめる。

タスク④ 分析

（1） 素材文3-aは、ある大学院生が初年次の終わりに大学院に提出する、1年間どのように研究を進めてきたかを報告する研究活動報告書の一部です。問題点を探し、その理由も考えてください。

素材文3-a：研究活動報告書

　この1年の間に、大学院の授業で、言語学、外国語教育学、異文化コミュニケーション論等、集中講義も含めて9科目を履修してきた。それらの分野の学習で得られた、専門的、あるいは基礎的知識を整理していく中で、入学試験時に提出した研究計画の内容を何度も再考してきた。大学院入学当初は、X語と日本語における文法の比較研究を行う予定であった。しかし、その後、授業の教授や博士後期課程の先輩からさまざまなことを教えていただいて、自分でもよく考えた結果、研究テーマを変更することにした。現在は、外国語教育学関連の多くの先行研究を読み、また、指導教員とよく相談して、外国語習得にかかわる研究、あるいは外国語の学習成功者についての研究を行いたいと考えている。赤坂（1995）、伊豆（1993）、上野（1990）、江戸（2000）、大森（2005）などを読み、先行研究をまとめている。

　今後は、X語話者の日本語学習者を対象として、アンケートやインタビューなど、さまざまな調査を行い、学習成功者を特定した上で、彼らを中心に、特に会話能力に絞って彼らの習得状況を、教室の外で観察し、分析して考察を行いたい。

ヒント

(1) この文章の各段落で最も伝えたい内容は何かを考えてください。
(2) 大学院入学後の研究内容を報告するという目的を達成するために、どのような構成要素が必要か、それらがこの文章にもれなく入っているかを考えてください。
(3) 文章の目的から考えて、不要な記述はありませんか。
(4) より厳密に書いた方がよい箇所があれば、なぜ厳密ではないかを考えてください。

（2） 素材文3-bは、素材文3-aを書いた大学院生が、博士課程の先輩からコメントを受けて書き直したものです。素材文3-aの原文と比べて、修正版の文章は、どこが改善されていますか。改善された箇所に下線を引き、改善の理由を書いてください。あとで友人と話し合ってください。

素材文3-b：研究活動報告書

　この1年の間に、大学院の授業で、言語学、外国語教育学、異文化コミュニケーション論など、集中講義も含めて9科目を履修してきた。それらの分野の科目を履修する過程において、入学試験時に提出した研究計画の内容について再考を重ねてきた。その結果、研究テーマを変更することとし、大学院入学当初は、X語と日本語における文法の比較研究を行う予定であったが、現在は、外国語習得にかかわる研究、中でも、外国語の学習成功者の習得過程について研究を行いたいと考えるに至った。

　外国語教育学の多くの関連研究として、赤坂（1995）、伊豆（1993）、上野（1990）、江戸（2000）、大森（2005）などを読み、理論と教育実践の両面から、先行研究の知見をまとめつつ、筆者自身の研究テーマの絞り込みを行っている段階である。

　X語話者の日本語学習者を対象とする研究が近年は増加の傾向が見られるようになっている。本研究は、この中で、特に入門から上級レベルに至るまでニーズの高い会話能力に絞って日本語習得過程を観察することを考えている。その観察の中で、学習成功者の認定条件を、さまざまな角度から探っていきたい。具体的な調査手法は、先行研究のものを参照しつつ、学習背景に関するアンケート調査、会話能力テスト、および、会話学習に関するインタビュー調査を行う。調査協力者は、現在、Y地域の複数の教育機関に連絡をとり、交渉を進めているところである。

🖥 タスク ⑤ 分析

（1） 素材文 4-a は、ある学生の、「X 国の大学における外国語学習者の相互作用活動を中心とした教育方法」というタイトルで書かれた口頭発表の要旨の序論部分です。素材文 4-a の各文がどのような情報を伝え、全体の中でどのような機能を示しているかを分析して、表 6-2 を完成させてください。一部の文については、すでに分析が示されています。なお、分析の利便のために、各文には①②……と、もともとの論文には含まれていない番号がつけられています。

素材文 4-a：発表要旨（序論部分）

①先行研究において、X 国の大学における学習者の相互作用活動を中心とした教育方法について、学習者側への調査は行われているものの、教師側への意識調査はまだ不十分であることがわかった。②このタイプの教育実践の報告では、教師が学習者のニーズを理解し、新たな相互作用活動による、学習者のスキル向上を期待した上で、授業を実施していたと観察される。③しかし、この実践経験がなく、その活動を知らない教師がどのような意識を持っているかどうかについての調査はほとんどない。④そのため、教師側の意識を調査することも必要である。

表 6-2　素材文 4-a の各文における機能の分析

文番号	機能
①	先行研究の概要を示している。
②	
③	先行研究の不足を示している。
④	

（2） 素材文 4-a の各文の内容の妥当性、文相互の関係性、および表現の厳密性を検討し、判断結果を書いてください。

（3） 上の（2）の観察から、修正版を書くとすれば、どのような点を改めるか、考えてください。友人とも話し合ってください。

（4） 素材文4-bは、素材文4-aを修正したものです。内容の妥当性、文相互の関係性、および表現の厳密性の三つの観点から、どこがどのように改善されたか、コメントしてください。その他に、修正すべき点があれば、書いてください。それらについて友人と意見交換をしてください。

素材文4-b：発表要旨（序論部分）

　先行研究において、X国の大学における外国語学習者の相互作用活動を中心とした教育方法について、学習者側への調査は行われている（北山2003、南川2005）ものの、教師側への調査はまだほとんど行われていないことがわかった。上記の学習者への調査の結果により、学習者側の、相互作用活動に関する評価が高いことが判明している。しかし、教師側の評価が、学習者の場合と同様に、高いか否かは、明らかではない。

　このタイプの教育実践の報告からは、学習者のニーズを理解している教師が、新たな相互作用活動の利点を把握した上で、学習者にその方法と効果を説明し、授業を実施していたことが観察される。一方、相互作用活動を用いた教育実践経験がなく、その活動を知らない教師が、この教育方法に対してどのような意識を持っているかについての調査はほとんどない。特に、一方的な講義形式により知識注入型の授業を行っている教師には、相互作用活動の効果が理解できず、抵抗感を持つ可能性もある。

　この活動には、知識注入型の指導ではない、教師の新たな役割が求められる。一方で、相互活動型教育方法に関する先行研究（田中2006他）では、教師の新たな役割を導入することで、多くの教育現場での有効性が検証されている。これらの先行研究によって、X国の大学においても、相互活動型教育方法の活用の可能性が考えられる。本発表では、相互作用活動を用いた実践経験のない、Y地域とZ地域の10大学に勤務する教師100名を対象に、アンケートによる意識調査を行い、相互作用活動への意識、および導入した場合の課題について検討を行う。

表6-3　素材文4-bにおける修正点の分析

観点	コメント
内容の妥当性	
文相互の関係性	
表現の厳密性	
その他	

6.4 結論までの一貫性

📺 タスク⑥ 分析

（1） 素材文 5-a は、高齢化問題について書かれたレポートの最終段落で、結論が述べられています。まず、各文が下の □ の (a) から (f) のどの構成要素に該当するかを考えて、表 6-4 の「構成要素」のところに適切な記号を入れてください。それを見て、論理展開の適否を判断し、表 6-4 を完成させてください。同じ記号を 2 回使ってもいいです。一部の文については、すでに分析が示されています。なお、分析の利便のために、各文には①②……と、もともとの論文には含まれていない番号がつけられています。

素材文 5-a：レポート（最終段落）

日本の少子高齢化に伴う問題と対策

①以上に述べてきたように、少子高齢化は非常に大きな問題である。②少子高齢化が進むとともに、高齢者のための医療保険制度だけでなく、公的な年金の支払い、および年金給付額は深刻な問題になっていると言える。③さらに、日本の総人口に占める高齢者の割合が高いことから、日本は人的資源不足の問題に直面している。④このような労働力不足の問題を解決するためには、外国からの労働者の受入れ整備を早急に行う必要がある。⑤しかし、高齢者の高い割合は日本の医療的および社会的環境と生活水準の高さの標示でもある。

(a) 前段落のまとめ　　(b) 情報の追加　　(c) 問題解決への提案
(d) 結論に対する反論　(e) 結論に対する補足　(f) 別の解釈の提示

表 6-4　素材文 5-a の論理展開に関する分析

番号	構成要素	論理展開の適否
①	(a)	
②		
③		
④	(c)	
⑤		

（2） 素材文 5-a の文章の論理展開を図式化したものとして、下のア、イ、ウのうち、どれが一番あてはまりますか。結論の提示位置がどこかをよく考えてください。

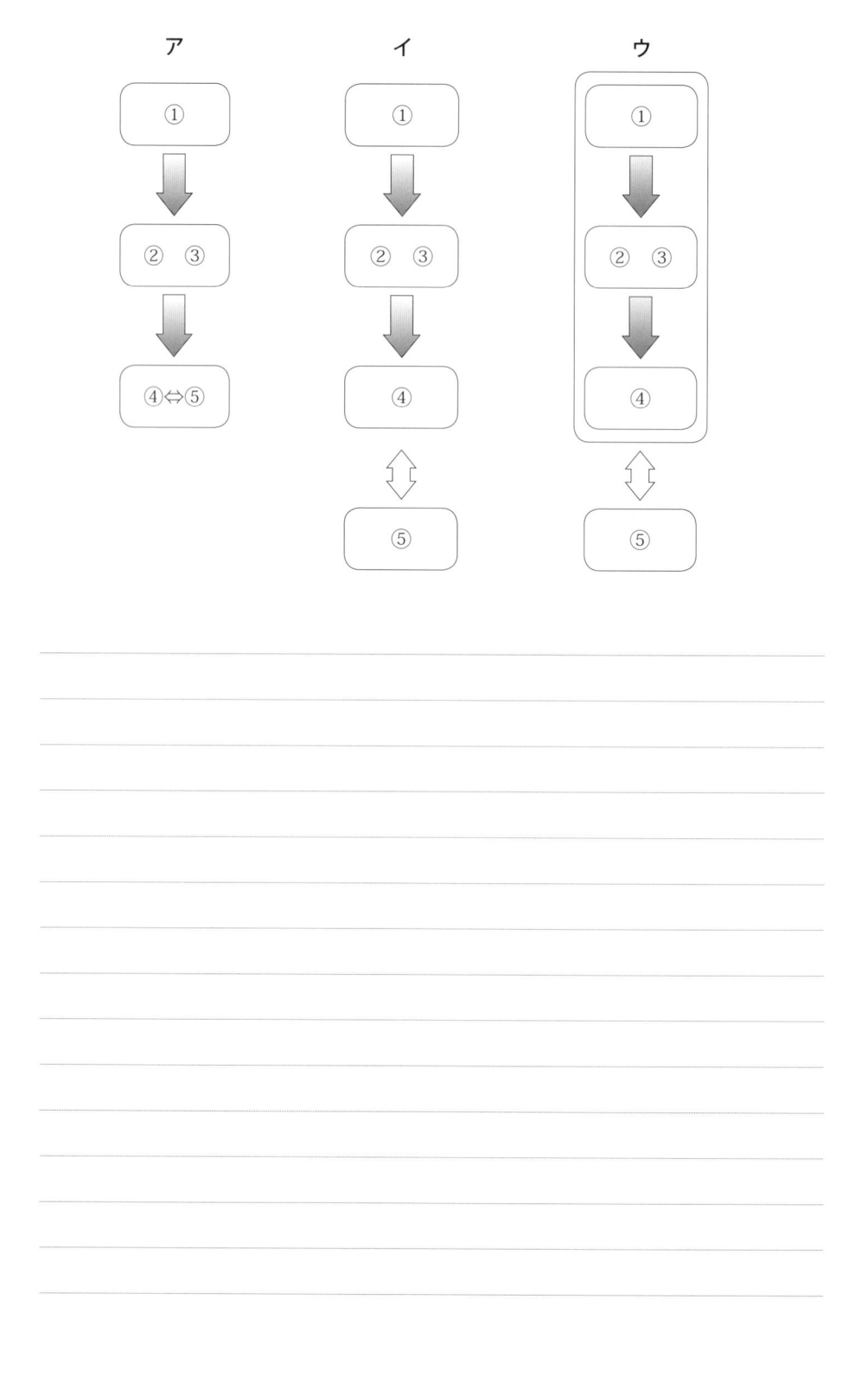

ア

① → ② ③ → ④⇔⑤

イ

① → ② ③ → ④ ⇕ ⑤

ウ

（① → ② ③ → ④） ⇕ ⑤

（3） 素材文5-bと素材文5-cは、素材文5-aを書き換えたものです。素材文5-aと比べて、結論までの道筋は、どちらが適切ですか。その判断理由も述べてください。友人とも意見交換をしてください。

素材文5 b：レポート（最終段落）
日本の少子高齢化に伴う問題と対策

①以上に述べてきたように、少子高齢化は非常に大きな問題である。②少子高齢化が進むとともに、高齢者のための医療保険制度だけでなく、公的な年金の支払い、および年金給付額は深刻な問題になっていると言える。③さらに、日本の総人口に占める高齢者の割合が高いことから、日本は人的資源不足の問題に直面している。④このような労働力不足を解決するため、外国からの労働者の受入れ整備を早急に行う必要がある。⑤ただし、高齢者の高い割合は日本の医療的および社会的環境と生活水準の高さの標示でもある。

素材文5-c：レポート（最終段落）
日本の少子高齢化に伴う問題と対策

①以上に述べてきたように、少子高齢化は非常に大きな問題である。②少子高齢化が進むとともに、高齢者のための医療保険制度だけでなく、公的な年金の支払い、および年金給付額は深刻な問題になっていると言える。③さらに、日本の総人口に占める高齢者の割合が高いことから、日本は人的資源不足の問題に直面している。④高齢者の高い割合は日本の医療的および社会的環境と生活水準の高さの標示でもあると考えられるものの、以上に述べた労働力不足は深刻な問題であり、外国からの労働者の受入れ整備を早急に行う必要がある。

第6章のまとめ

(1) 文章には、1文と1文との関係だけでなく、複数の文同士の関係や、段落と段落の関係、序論と結論の関係に至るまで、文章のすべてにおいて論理の一貫性を維持する必要がある。

(2) 具体性のない印象論的な記述や、あいまいな記述、テーマと関連性のない不要情報の記述は、論理の一貫性を損なう。

(3) 文章の論理の一貫性を意識せずに、思いつくままに書くと、学術的な文章としては致命的な評価を受ける可能性が高い。論理の一貫性を常に意識し、文章を提出する前に、論理の一貫性に注意を集中して推敲を行うことが重要である。

(4) 上の(2)と(3)の問題は、タイトルや目次についてもあてはまる。タイトルや目次は、論文の内容を具体的に反映するものでなければならない。

私の発見

第7章 的確な表現を追求する

　第7章では、さまざまな実例から目的にふさわしい的確かつ厳密な表現とはどのようなものかを考えます。読み手がどのような人たちか、どのような目的で読まれるかによって、書き方は違ってきます。たとえば、

（1）レポートは、読み手が教員、すなわち専門家であり、具体的な課題が出されるため、ある程度表現方法が決まっていることが多い。

（2）論文では、専門性が高いが、読み手はレポートより広範にわたるため、ある程度の背景説明が必要となる。たとえば、略語などは定義して用いる必要がある。

（3）口頭発表資料は、聴衆に関心を持たせる工夫が必要である。

（4）事務的な連絡は、電子メールによることが多くなっているため全体的には簡略化の方向に進んでいるが、相手の情報処理にかかる時間と手間を最小限にし、正確に情報を伝え、あわせて、最低限度の社会的礼儀を備えていることが必要である。

このように、文章の種類によって違った特徴と注意点があります。

　さまざまな目的、読み手、ジャンルにおける的確な書き方についてさらに考えてください。その上で、自分でも実際に、的確さに留意しながら書いてみてください。

7.1　目的による文章の違い

■ タスク① 分析

　素材文1と素材文2を読み比べてください。素材文1は大学のニューズレターに掲載された記事で、ある大学生が短期語学研修に参加した所感を述べたものです。素材文2は、同じ大学生がこの研修参加を語学科目の単位として認定してもらうために、担当教師に提出した活動報告書です。

　素材文1と素材文2では、読み手と目的が異なります。前者の読み手は、学内の不特定多数の教員や学生で、目的は、自分の体験を広く大学内の人々に知ってもらい、この研修に対する関心と好感度を高めることです。一方、後者の報告書は、学習活動報告という学術的論述の一つであり、読み手は、成績評価を行う教員です。よい評価を受けるには、学習成果を明確に示さなければなりません。

（1）　同じ題材が異なる目的によってどう文章化されるか、その違いを情報や表現の面からできるだけ多く見つけて分析し、その理由も考えてください。4色のマーカーを準備して、二つの文章に含まれる表現を下の(a)から(d)の四つに区分して色をつけてみてください。
　　　(a)　事実を伝えている部分
　　　(b)　事実に基づく判断や事実に対する印象を述べている部分
　　　(c)　感情を伝えている部分
　　　(d)　文章進行の整理をしている部分

素材文1：体験記

〈わが心の故郷、A市〉

　20XX年にイギリスA市で3週間の短期語学研修を終えて帰って来たとき、私にとってA市は、心の故郷と呼びたい町になっていました。研修を終えて3カ月経った今でも、この思いは同じです。その一方で、このことに心から驚いている私もいるのです。研修に参加するかどうか迷っていたときには、英語の苦手な私がA市に一人で行っても、きっとすぐ日本に帰りたくなるのではないだろうかと、怖くてたまらなかったのですから。

　自分のそんな内向的なところを克服したいという気持ちと、子どものときからの憧れだったイギリスを肌で感じてみたいと考えたことから、研修に参加した私でしたが、「英語でのコミュニケーションなんか、できるのかな」「授業についていけるのだろう

か」「食事は大丈夫だろうか」と、出発の前日まで心の中は不安でいっぱいでした。

　そんな私が、イギリスでは一度も日本に帰りたいとは思わなかったばかりか、今では、「A市は心の故郷、戻りたい」と思っているのです。ほんとうに、研修の3週間は楽しく、充実していました。oral presentationの授業では、日本の文化と自分の専門分野とについて英語でのプレゼンテーションをしなければなりませんでした。academic writingの授業では、専門的な内容について学術的な文章を書くことが課されました。多くの課題が日々出されるので、確かに苦しいこともありましたが、他人と比較するのではなく、自分の中で成長しなさいと言われたので、英語に自信がなかった私でも、やればできると自信をつけることができました。

　充実していたのは英語の授業だけではありません。ローマ時代の遺跡や伝統的な建築を見学したりしました。B大学の学生との交流を通して、異文化の人々が集まっているイギリス社会、そこに生きる人々の活力を感じ、ただただ感動しました。英語を使って対話する嬉しさ、伝わらないもどかしさ、そこから生まれてくる努力、学び……あんなにも一瞬一瞬を大切なものだと感じていた日々は他にはありません。現地の人々の快活さ、歴史を感じさせる街並みの美しさ、そこにしかない空気感も、実際に行ってみて、肌で感じたことがいかに大きな意味を持っていたのか、今はわかります。

　留学しようかどうか迷っている人には、私はこう言いたいです。「行ってみたら？きっと新しい故郷が見つかるよ」と。

素材文2：学習活動報告

〈イギリス短期語学研修報告〉

1. 研修概要

　20XX年7月20日～8月10日までの3週間にわたり、イギリスのA市にあるB大学での英語短期研修に参加した。以下に、英語コース受講状況と、それ以外の時間に行った活動（エクスカーション、ロンドン見学、ホームビジット、学生交流など）について報告し、研修成果を述べる。

2. 現地での体験

　英語は、土日を除いて1日に90分の授業を2コマ、計3時間、受講した。毎日多くの課題が出され、実質的な勉強時間はかなりの長さになった。受講コースは最初に行われるプレスメントテストと受講者の希望によって決定されるが、私は、oral presentationとacademic writingを受講した。前者が9時～10時半、後者は11時～12時30分までで、各15回である。クラス定員は10名で、日本人が私を含め3名、他は東南アジアやアフリカからの学生であった。oral presentationでは、各人が自分の国の文化の紹介と自分の専門分野の説明を行うことが求められた。準備として、ネットで多くの資料を集めて読んだり、原稿を書いて先生やクラスメートに見てもらったりした。準備には相当時間もかかった上、難しい問題もいろいろあったが、この準備のおか

げで、人前で話す練習だけでなく、読んだり会話したりする練習ができた。academic writing では、専門的な事柄について説明したり根拠に基づいて意見を述べたりすることが課された。難しかったが、書くときに辞書やネットの情報をどう利用するかが次第にわかってきて、徐々に自信がついた。人と比べるのではなく、自分が進歩したかどうかに注意するように繰り返し言われたことも、落ち着いて執筆に集中するのに大変役立った。

　英語コースを受講したほかに、午後の時間と週末に、名所、遺跡、英国の伝統的建築などの見学を行った。大英博物館も訪れたときにガイドの英語がかなり聞き取れたことで、進歩を感じた。B大学の学生との交流プログラムやホームビジットでは、現地に暮らす人々と話すことができた。私のイメージしていた「イギリス人」よりも旧英国連邦出身の人のほうが多く、イギリスが多民族社会であることを実感した。

　以上のように、英語コースでもそれ以外の活動の中でも、英語は、練習するものというより、さまざまなことを行うために否応なく使わなければならないものであった。そのため、英語を使うことへの恥ずかしさや怖れをあまり感じなくなった。

3．考察

　今回の研修の収穫は、英語に関しては二つある。一つは、英語は使う目的があって使うものだということが実感できたことである。単語一つとっても、伝えようと思うことを伝えるために必要だから覚えた単語は、一度使うと忘れないものだとわかった。もう一つの収穫は、英作文のやり方がわかったことである。今までは、日本語で言いたいことを考えて一語一語和英辞典で単語を引いて組み立てていたが、研修で、書こうとする話題についてのWebの記事などを読んで、そこから自分の言いたいことに似ている表現を探し出して応用して使うという方法を知り、自然な英語を書くのに大変役立つと思った。

　今回の短期留学は、英語の力がついただけでなく、私の人生そのものにとって大きな財産となった。滞在中は困ったこともあったが、それに対処できたことが大きな自信を与えてくれた。背景を異にする人々が共に暮らす社会の持つエネルギーを肌で感じることができたのも勉強になった。今後、短期留学で学んだことを生かして、英語の勉強にもその他の勉強にもしっかり取り組み、自分で考えて、その考えたことをちゃんと英語で言うことができるようになりたい。

（2）　二つの文章について次のような点がそれぞれどうであるかを観察し、比較して、表7-1を完成させてください。いくつかの部分はすでに観察や比較が記されています。

表 7-1　素材文 1 と 2 の文章における情報の違い

	素材文 1：体験記	素材文 2：研修報告書	違い
①形式	五つの段落から成る。	・三つの節に分かれている。 ・1 は 1 段落、2 は 3 段落、3 は 2 段落から成る。	「記事」では「一つの話」としての流れが重視され、学術的記述である「報告書」では、各部分の機能が明瞭に区別される。
②各段落の内容	第 1 段落 　：研修前後の気持ちの変化 第 2 段落 　：研修前の気持ち 第 3 段落 　：英語の研修内容と感想 第 4 段落 　：英語以外の活動内容と感想 第 5 段落 　：他の学生への研修の勧め	1 節： 　研修の内容のあらましと報告書の構成の予告 2 節 　第 1 段落： 　　英語コースの設定と活動内容と、自分の学習内容 　第 2 段落： 　　英語以外の活動内容と自分の観察 　第 3 段落： 　　英語に対する態度の変化 3 節 　第 1 段落 　　英語力の変化の評価 　第 2 段落 　　全体的な評価と今後の課題	素材文 1 は、感情を直接的に述べる内容が多くを占めるが、素材文 2 は、事実関係の記述がなされ、それに基づいて分析や判断が述べられている。
③活動全体についての情報の記述	まとまって報告されている部分はないが、断片的に出てくる。	冒頭段落に記述されている。	素材文 2 では、活動全体をすぐに俯瞰できるが、素材文 1 では全体についての情報がつかみにくい。
④英語コースの内容の記述	コース名と主な課題について記述がある。	コース設定の方法、選択コースの名前と主な課題、活動の実態、クラス構成が記述されている。	
⑤指導の特徴の記述		準備の活動や、辞書やネットの利用法など、授業に関連して行った事実を具体的に述べている。影響を受けた助言とそれが行動に与えた影響が述べられている。	
⑥英語以外の活動の記述			
⑦自分の進歩や変化			
⑧素材文 1 だけ、または、素材文 2 だけにある情報			
⑨しめくくりの内容			

第 7 章　的確な表現を追求する

（３） 素材文１と素材文２から、同じ事実に言及していると思われる箇所を少なくとも３か所見つけ、「　」を付してください。

例：素材文１：「英語を使って対話する嬉しさ、伝わらないもどかしさ、そこから生まれてくる努力、学び……」

素材文２：「英語は、練習するものというより、さまざまなことを行うために否応なく使わなければならないものであった。そのため、英語を使うことへの恥ずかしさや恐れをあまり感じなくなった。」

（４） 友人とも意見を交換して、素材文１と素材文２の文体の違いを記述してください。

（５） 素材文１を研修報告書として提出したら、逆に、素材文２をニューズレターに出したら、どのような点で問題があるか、推測して書いてください。

（６） 素材文１と素材文２に、自分ならこのような表現は使わないと思うところがありましたか。それはなぜですか。友人にも聞いてみてください。

7.2 対象の知識による情報や表現の違い

🖥 タスク ② 分析

（1） 同じアカデミックな内容を扱うとしても、その目的や発信相手、メディアなどによって、用いる語や盛り込むべき情報は違います。ここでは、ある説明文を材料として、違いを観察します。下の素材文 3-a と素材文 3-b の文章は、どちらもある大学の新入生に「講座：ジェンダー学入門」を紹介するための文章です。予備知識を持っていないと思われる人々に「ジェンダー」という概念の重要性を説明し、この学問領域に関心を持ってもらうことが目的ですが、素材文 3-a と素材文 3-b では異なる表現が用いられています。その違いを詳しく観察し、どちらが目的にふさわしいかを判断するために、表 7-2 の対照表を完成させてください。

なお、素材文 3-a の中には、観察対象とする部分に①から⑦まで番号が付されていますが、この番号はもともとはなかったものです。

素材文 3-a：説明文

「講座：ジェンダー学入門」案内：なぜジェンダー（gender）の視点が必要か

科学的な研究およびその書き物において不可欠なものは主張を支える根拠であり、その根拠によく用いられるのがデータです。しかし、人間に関するデータのすべてが性別で採集され、統計処理されているわけではありません。この背後には、フランスの「人権」宣言が象徴するように、人間を代表するのは「男性」という考えがあったからです。①しかし、人間に関する研究においては、対象のジェンダーを見ていく視点が必要です。②男性と女性とでは社会的文化的な位置づけや役割が異なり、それにより男女の生活や健康は影響を受けているからです。

たとえば、基本的な人間の能力がどこまで伸びたかを測る指標に、③ UNDP（人間開発計画）が開発した人間開発指数（HDI：Human Development Index）があります。これによると日本は 187 の国・地域の中で 12 位（2011 年）です。HDI は、人間開発の三つの基本的な側面——健康で長生きできるかどうか、知識を得る機会があるかどうか、人間らしい生活を送れるかどうか——について測る総合的な指標です。具体的には、出生時平均余命、成人の平均就学年数、④ 2005 年の米ドル建て購買力平価（PPP）に換算した 1 人当たりの国民総所得（GNI）を基準に算出されます。⑤ GDP が世界第 3 位の日本では、男女とも約 96％が高校進学をし、約 6 割の男性、約 4 割の女性が大学進学をし、栄養、衛生、治安面においても高い水準を保ち、平均余命も女性 86.44 歳、男性 79.59 歳と、長寿です。したがって、日本の人間の開発度は世界的に極めて高いのです。

これを男女別に見ていくとどうなるでしょうか。⑥世界経済フォーラムが開発したジェンダー格差指数（GGI：Gender Gap Index）では、日本は135カ国中98位（2011年）と、大きくランクが下がります。ジェンダー格差指数は、経済分野（労働力の男女比、類似の労働における賃金の男女格差、推定勤労所得の男女比、管理的職業従事者の男女比、専門・技術職の男女比）、教育分野（識字率の男女比、初等教育就学率の男女比、中等教育就学率の男女比、高等教育就学率の男女比）、政治分野（国会議員の男女比、閣僚の男女比、最近50年における国家元首の在任年数の男女比）、保健分野（平均余命の男女比、出生時性比）ごとに算出され、1が完全平等、0が完全不平等を示します。日本は教育分野0.986、健康分野0.980のほぼ完全平等に対し、経済分野0.567、政治分野0.072の完全不平等に近い指標となっています。つまり、対象を見ていくときにジェンダーの視点を入れると、ジェンダーの視点を入れない場合には見えない男女間の格差が可視化され、またどこに格差があるのかを特定することができます。

　ここに紹介したのは一つの例に過ぎませんし、「ジェンダー」も一つの視点に過ぎません。しかし、人間を観察したり研究したりすることにおいては、人間が社会や文化の影響を受けながら生きている以上、⑦社会的文化的に違った扱いを受けている男女別に見ていく視点は不可欠だと言えます。

素材文3-b：説明文

「講座：ジェンダー学入門」案内：なぜジェンダー（gender）の視点が必要か

　研究結果を発信し認めてもらう上で各種のデータが根拠として重要であることは、誰もが知っています。今日、人間に関するさまざまなデータが集められて公表されていますが、それらのデータは必ずしも「男性」と「女性」が別になっていません。この背後には、人間を代表するのは「男性」だという考えがあったからです。かの有名なフランスの「人権宣言」にもその考えが表れています。しかし、人間に関する研究においては、対象を性別、すなわち「ジェンダー」で、分けて見てみることが重要です。現代の世界において、男性と女性では社会的文化的な位置づけや役割が異なっていることが多く、生活や健康の状態にもそれが大きく影響しているため、ジェンダーの視点を取り入れてデータを見てみると、しばしば、両者を合わせて見たときには見えなかった事実が明らかになるからです。

　日本を例にとって見てみましょう。基本的な人間の能力がどこまで伸びたかを測る指標に、国連の「人間開発計画」という組織が開発した、「人間開発指数」があります。この指数は、人間が開発されていると言えるための三つの基本的な条件がどの程度充足されているかを示します。すなわち、健康で長生きできるかどうか、知識を得る機会があるかどうか、人間らしい生活を送れるか、の3条件について、出生時平均余命、成人の平均就学年数、1人当たりの国民総所得などを基準に、算出されます。国内総生産が世界第3位の日本は、187の国・地域の中で12位（2011年）です。男女とも約96％が高校に進学し、約6割の男性と約4割の女性が大学に進学し、栄養、衛生、治

安面においても高い水準を保ち、平均余命も女性 86.44 歳、男性 79.59 歳と大変長い日本の人間開発度は、世界的に見て極めて高いと言えます。

しかし、これを男女別に見ていくと違った姿が見えてきます。スイスに本部を置く非営利財団「世界経済フォーラム」が開発した「ジェンダー格差指数」によると、日本のジェンダー格差指数は、下の表 1 に示したようになっています。指数の「1」は完全平等、「0」は完全不平等を示します。

表 1　日本のジェンダー格差指数

分野	算定の基準	ジェンダー格差指数
経済分野	労働力の男女比、類似の労働における賃金の男女格差、推定勤労所得の男女比、管理的職業従事者の男女比、専門・技術職の男女比	0.567
教育分野	識字率の男女比、初等教育就学率の男女比、中等教育就学率の男女比、高等教育就学率の男女比	0.86
政治分野	国会議員の男女比、閣僚の男女比、最近 50 年における国家元首の在任年数の男女比	0.072
保健分野	平均余命の男女比、出生時性比	0.98

注：1 は完全平等、0 は完全不平等を示す。

教育分野と健康分野ではそれぞれ 0.86 と 0.98 と平等がほぼ達成されていますが、経済の分野ではかなり不平等、政治の分野では完全不平等に近い数値を示しており、この指数で見た日本のランクは 135 カ国中 98 位（2011 年）です。日本の女性の開発度は、「12 位」ではなさそうです。

上の例でわかるように、ジェンダーの視点を入れると、それまで見えなかった男女間の格差が可視化され、どこに格差があるのかを特定することができます。人間を見るために必要な視点はたくさんあり、「ジェンダー」はそのうちの一つに過ぎませんが、重要な視点であることは確かです。ジェンダーという、人間の社会的文化的な扱いに大きな影響を与える要素を考慮に入れなければ、実態を把握することが困難になるからです。

表7-2　素材文3-aと3-bの各文章における表現の違い

素材文3-a	素材文3-b
① しかし、人間に関する研究においては、対象のジェンダーを見ていく視点が必要です。	
② 男性と女性とでは社会的文化的な位置づけや役割が異なり、それにより男女の生活や健康は影響を受けているからです。	
③ UNDP（人間開発計画）が開発した人間開発指数（HDI：Human Development Index）があります。	
④ 2005年の米ドル建て購買力平価（PPP）に換算した1人当たりの国民総所得（GNI）	
⑤ GDPが世界第3位の日本では、男女とも約96％が高校進学をし、約6割の男性、約4割の女性が大学進学をし、栄養、衛生、治安面においても高い水準を保ち、平均余命も女性86.44歳、男性79.59歳と、長寿です。したがって、日本の人間の開発度は世界的に極めて高いのです。	
⑥ 世界経済フォーラムが開発したジェンダー格差指数（GGI：Gender Gap Index）では、日本は135カ国中98位（2011年）と、大きくランクが下がります。	
⑦ 社会的文化的に違った扱いを受けている男女別に見ていく視点は不可欠だといえます。	

（2）　新入生を対象とした説明文として、素材文3-aと3-bのどちらが適切だと思いますか。それはなぜですか。

💻 タスク③ 分析

（1） 次の文章は大学院留学生のボルタさんが在籍している大学院が発行する論文誌に投稿する予定の原稿の序論部分です。ボルタさんはまだ雑誌論文を執筆した経験がないため、この原稿について、先輩の新田さんと古田さんにコメントをもらうことにしました。文章の下にある、ボルタさんと新田さん・古田さんとのやりとりを参考にして、修正案を書いてください。

素材文 4-a：論文の序論部分

海外経験は役に立つのか

　近年若者の中で海外に渡航する人が減っている傾向にある。新聞によると若者が海外に渡航する件数が1998年から2008年までに37％減ったそうだ。海外渡航する人の中で留学する人は、2004年から2008年にかけて大体2割減ったそうである。

　これに対して、日本政府、地方自治体、各種業界によって海外渡航促進キャンペーンが矢継ぎ早に打ち出された。しかし、このようなキャンペーンを拙速に打ち出す前に、念を入れた検証が必要であることもまた事実と言えると思われる。どうしてかというと、効果もリスクも不明なまま、大量に海外渡航をする若者を送り出した挙句のはてに、深刻な損害が生じた場合は、だれがその問題の責任をとるのであろうか。本稿ではその実態を調査することで、検証作業を行う。この調査を通じて、拙速な施策に対する異議を唱え、海外渡航の支援に関する施策を構想する際に見落としがちな論点を浮き彫りにする。

ボルタ：雑誌論文を書くのは初めてなんです。これは序論の部分なんですが、新田さん、古田さん、読んで、不適切なところを指摘していただけませんか。

新田：いいよ。……ねえ、ボルタさん、言い方に気を使ってほしい？　それとも、思いつく端から全部言ってもいい？

ボルタ：どうぞ、遠慮しないで、びしびし言ってください！

古田：泣くんじゃないよ。

ボルタ：えええ、泣くかもしれませんよ……。でも、お願いします。

新田：では、行きますよ。まずね、はじめから言葉が足りない。事実に対する意義づけをしていないよね。「海外渡航、留学が減った」ということが望ましくないことで、そのよくない傾向に対して政府などがいろいろ対策を打ち出しているけれども、それがちゃんと考えられたものでなく、調査不足でやっているからいけない、というのがボルタさんの問題意識だよね。

ボルタ：その通りです。

新田：でも、最初の段落に、2割減ったことは書いてあるけど、それが問題だとは書いてない。

ボルタ：だって、それは当然わかることだから、書く必要はないんじゃないでしょうか。

新田：いや、ボルタさんにとっては当然でも、そう思わない人もいるかもしれない。たとえば、「2割減った」だけじゃなくて、「2割減という憂慮すべき事実がある」とすると、筆者の問題意識の方向がわかるでしょ。あるいは、第2段落の最初の「これに対して」を「この憂慮すべき事態に対して」とするとか。

ボルタ：ああ、なるほど。

古田：最初の段落の第2文も、ちょっと論文の表現としては問題があるよ。前の文の「若者の海外渡航の減少」の根拠を示そうとしているのはいいけれども、「新聞によると、何々だそうだ」じゃ、ちょっとねえ。

ボルタ：「何々だそうだ」というのが、日常的な感じがするからですか。

古田：そういう文体的な問題もあるけど、根本的な問題は、情報源がわからないこと。情報の出典は、読み手がその記述から出典を確認できるように書かなきゃいけないよ。この情報、どこからとったの？

ボルタ：「ABC at a glance 2009」です。

古田：じゃあ、そのオリジナルな調査の名前と年を書いて、参考文献で確認できるようにする。そしたら、「〜そうだ」とつけなくてもよくなるよ。

新田：それからさ、「海外渡航する人の中で留学する人は」ってところ、同じ表現を繰り返すと、ちょっとうるさい感じがする。最初は「若者の中で海外渡航する人」って記述的に説明しなければいけないだろうけど、2度目以降は「若年層海外渡航者」のように熟語にするとわかりやすい。こういう、その文脈の中だけで成立する熟語を「臨時一語」と言うんだけれども、上手に使うと、紙面も節約できるし、読むための負担も減らせるよ。

ボルタ：「臨時一語」ですか。初めて聞きました。

新田：無理な場合もあるから、最終的には母語話者に見てもらったほうがいいけどね。

古田：ちょっといい？　用語の定義がほしいよねえ。「若者」「各種団体」などが何を指すのか、論文ならもうちょっとちゃんと言わなきゃ。数値も、出すならちゃんと正確に出したほうがいい。3番目の文で、「大体2割減った」って言っているけど、きちんと調べればもっと正確な数値が示せるよね。

新田：2段落目は、いやに感情的な表現と、逆に遠慮しすぎのような表現が同居していて、ちょっと笑える……。

ボルタ：えええ、笑うとこじゃないですよ、まじめに書いたんですよぉ。…具体的には、どこが変なんですか。

新田：ごめん、ごめん。たとえば、「矢継ぎ早に」「拙速に」、そのちょっと下の「挙句のはてに」「だれが責任をとるのであろうか」っていうような、主観的な印象や価値観をダイレクトに示す表現は、論文では使わないほうがいいなあ。逆に、遠慮しすぎと思うのは、「何々こともまた事実と言えると思われる」ってとこ。

ボルタ：でも、まだ、調査結果に入る前だから、そんなにはっきり言っちゃいけないんじゃないかって思ったんですけど…。

古田：いや、それは違うよ。現行の施策に問題があることは、ボルタさんが思いついて言っているわけじゃなくて、すでに誰かに指摘されていることなんでしょ？ そこをちゃんと書いたほうがいいよ。

ボルタ：問題点を、自分が見つけたわけじゃなくてすでに誰かが言っているって言うと、論文の価値が下がらないかなあ。

古田：それは全く逆！ もし、誰もそう言っていないのなら、現行の施策に問題があること、その背景に調査不足という問題があることを、まず証明しなければならないことになるよ。だから、ここは、文献を挙げて、問題点を冷静に指摘したほうがいい。ボルタさんの論文のオリジナリティは、背景要因の分析と、それに基づく提案にあるんだから。「誰が責任をとるんだ！」という熱い気持ちは研究をする上で心の芯になきゃいけないんだけれども、それを前面に出すのは、ちょっと違うかなあ……。

ボルタ：わかりました。いやあ、全面書き直しだなあ……。

新田：実はまだあるんだけど、言っていい？

ボルタ：お願いします。ここまで来たら、何を言われようと、へっちゃらです！

新田：おお、頼もしいね。じゃ言うけど、最後のほうの、本稿の目的の記述。ここが序論の一番大事なところだけれどもね、「その実態」って、何の実態か、わからないよね。検証作業っていうのも、何を検証するのか対象が書かれていない。「異議を唱える」「見落としがちな論点を浮き彫りにする」も、主観的な印象が強すぎるし、曖昧だと思う。客観的な表現で、具体的な内容を予告してよ。

ボルタ：わかりました。あああ、いいところ、なしだなあ……。

新田：そんなことはないよ。ボルタさんのこの序文は、問題の背景を説明して、問題点を明示して、それに対して自分がやることを示すという、序として必要な要素は全部入っている。だからこそ、あれこれ、つっこめるわけ。よくない文章は、「ここがよくない」って言えないんだよ。構造がなってないし、何を言っているかがわからないから、何が悪いかわからない。悪いといえば全部悪い。「ここ、だめ」って言える文章は、だから、いいんだってば。

ボルタ：そうなんですか。立ち直っていいですか。

新田：おおお、立ち直りの早いやつめ！

第7章 的確な表現を追求する

ボルタ：それがぼくの取り柄なんです！　ありがとうございました。書き直したら、また
　　　見ていただけますか。
新田：もちろん！
古田：しっかりね。

〈修正案〉

（2）　素材文 4-b は、ボルタさんが修正した文章です。これを読んで、ボルタさんが行った修正点を、気づく限り、下に書いてください。また、友人とも話し合ってください。ボルタさんは、新田さんと古田さんの提案をどこに生かしていますか。

素材文 4 b：論文の序論部分

海外留学促進策への提案

　近年、日本では海外へ渡航する若者が減少する傾向にある。ABC の調査によると、20 代を中心とする若年層海外渡航者は 1998 年から 2008 年までに 37％に減少している。その中で海外留学は 2004 年から 2008 年にかけて 18.9％に激減した（ABC at a glance, 2009）。

　政府および各種業界組織は、この現象を憂えて減少を阻止するためのキャンペーンや海外留学促進策を実施している。しかし、それらの施策は海外渡航減少要因の分析に基づいて慎重に考案されたものではないため、安全性への配慮を欠く場合や若年層の意欲向上に結びつかない場合があると報告されている（山田 2009）。本稿では、この若年層の海外渡航の中で特に海外留学に焦点を当て、その減少の原因を分析し、それに基づいて海外渡航促進策を考案する上で必要な条件を考察し、具体策を提案する。

　第 1 章では、留学減少の推移を政府統計に基づき、渡航先、留学目的、留学者の特性の観点から観察する。第 2 章では、留学制度に内在する問題を分析する。単位互換制度を含む留学支援体制や渡航先での受け入れ体制、渡航費・滞在費などの経済的条件などである。第 3 章では、留学制度の外側の問題、すなわち、渡航先の社会状況や就職戦線における留学経験への評価などの要因の分析を行う。第 4 章では、海外留学促進策考案のための必要条件の考察と具体策の提案を行う。

第7章のまとめ

(1) 表現が的確かどうかは、複数の要因によって決まる。

(2)「発表媒体」「目的」が最重要要因である。どんな媒体に、何を目的として書き、その結果、誰にどのような影響を呼び起こしたいのか。情緒的な共感と理知的な理解の、どちらを得ることが重要なのか、といったことを考えなければならない。

(3)「対象の持っている知識」も重要な要因である。読者がどの程度、専門的用語の知識や述べられている事柄についての知識を持っているかによって、表現を調整しなければならない。

(4) 書いたものを推敲する過程で、周りの人の助けが大きく役立つ。

私の発見

column ❸
作文支援ツール「なつめ」を利用して 的確な語を選択する

　第7章で学んだように文章の目的、ジャンルによって、用いる語や表現は異なるため、その文章にふさわしい用語を選ばなくてはいけません。しかし、辞書を調べても、どれが最も適切な表現語句なのか知ることは困難です。作文支援ツール「なつめ」（東京工業大学仁科研究室）はこのようなときの助けになります。たとえば、「減る」という動詞と「減少する」という動詞の、どちらが論文でよく用いられるかを知りたいときに、検索します。

　図1は「なつめ」の画面です。「なつめ」は次のURLからアクセスできます。
http://hinoki.ryu.titech.ac.jp/natsume/

　アクセスしたら上のボックスで検索したい語の組み合わせを選びます。ここでは「Verbal (Noun-Particle-Verb)」を選び、ボックスに「減る　減少する」とスペースを空けて2語を入力すると、ボックスの下に図のような表が現れます。この表は頻度順になっていて、八つの格助詞の下にそれぞれ頻度順で共起する名詞のリストが見えます。「減る」と「減少する」がそれぞれ横幅の異なる四角形で示されているので、共起する割合の多少がわかります。そこでたとえば「人口」をクリックすると、さらに下の表が提示されます。

　この表の右側には科学技術文、書籍、教科書、ブログ、新聞、白書などの10項目のジャンル名が表示され、左側にそれぞれのジャンルでの頻度を棒グラフで示しています。そこでそれぞれのジャンルにおける「人口が減る」と「人口が減少する」の分布をみると、科学技術文では「人口が減る」の出現はなく、「人口が減少する」に使用頻度がかなり多いことがわかります。ここで科学技術文は、厳しい審査を経て掲載された学会誌の論文をさしています。一方、ブログ（Yahoo　知恵袋）では、「人口が減少する」は現れず、「人口が減る」はかなり使用されていることがわかります。「回数」「量」などでも同様の分布になっています。このことから、科学技術文（論文）では、「減る」よりも「減少する」が用いられる傾向が強いことがわかります。なお「なつめ」では、検索した語からその語を含む例文をみることができるので、自分の分野での文と用語の書き方を参考にすることができます。

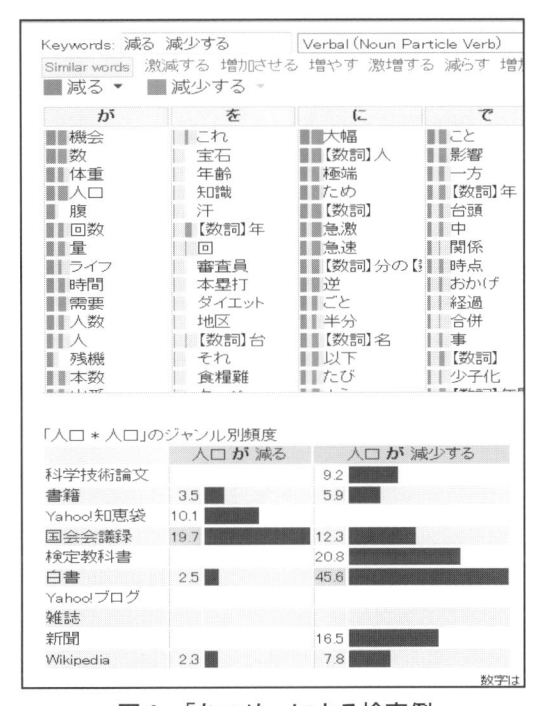

図1　「なつめ」による検索例

column ❹
「敬意」の表現を回避する方法

　論文や学術的文章では、敬語は用いられません。深く仏教に帰依しており、特定の僧侶（「空海」や「鑑真」など）に深甚なる敬意を持つ人でも、研究としての文章には、「空海は真言密教をもたらした」「鑑真は日本で10年生活し、仏教文化の発展に寄与した」とし、「空海大師は真言密教をもたらしてくださった」「鑑真大和上は日本で10年間お暮しになり、仏教文化の発展に寄与なさった」とは書きません。もちろん、たとえば空海を開祖とする宗派の信者同士の話の中で敬語を用いて信者として敬意を表することは、あり得ます。

　敬語は、もともと個人的関係の存在を前提としたものですから、直接の関係のない人には敬語を用いない、というより用いることができないのです。たとえば、「夏目漱石」の作品が好きで彼を尊敬している人でも、「夏目先生は、～とお考えになった」と、言うわけにはいきません。明治時代に生きた漱石の教えを直接受けた弟子ではないからです。それでも敢えて「夏目先生」と呼ぶとすれば、ただ尊敬しているというだけでなく、徹底的に漱石のことを知り尽くした上で、心から尊敬しているということになります。

　論文の中では、「氏」や動詞の尊敬形式は用いません。しかし、自分の指導教員などの業績に触れる場合に、「『田中氏は……と述べていらっしゃる』のように言わないのは失礼ではないだろうか」と気になる人は、「人でなく物を、主語や対象語として、事態を述べる」ことを試してみてください。

例1：(a)（×）「田中先生／田中氏は、…と述べていらっしゃる」
　　　(b)（○）「田中は…と述べている」
　　　(c)（○）「「田中（20XX）には、…と述べられている」「田中（20XX）には、…とある」／「田中（20XX）には、…という指摘（または、報告・観察・提言 etc.）がある」

例2：(a)（×）「この主張に対して、表現技術を教えておられる教師の方は皆同意してくださるであろう」
　　　(b)（○）「この主張に対して、表現技術を教えている教師は皆同意するだろう」
　　　(c)（○）「この主張は、表現技術指導に従事している教師からは例外なく賛同されるだろう」「この主張に対して、表現技術指導経験者からは例外なく同意が得られるだろう」

　例の(a)のように敬語を用いた表現は許容されません。(b)のように、普通の動詞の形を使った文で構わないのですが、(c)のように、受け身や物など物を主体とした表現を用い、さらに、厳密な感じを与える語彙を用いると、学術的議論としての色彩が強まり、敬語表現がないのが一層自然に感じられます。例1では、「とある」という論文で頻用される言い方を使用し、引用部の位置づけを「指摘・報告」等の語彙によって厳密化していることが、論文らしい文体を作り出しています。例2では、「教える」「皆」のかわりに「指導に従事する」「例外なく」が使われ、「表現技術指導経験者」と臨時一語が利用されていることに注目してください。

第8章 研究の要旨を書く

　本章の目的は、研究内容を報告する文章を書くときに留意すべきことを学習することです。

　研究内容の構成要素は、分野や研究主題による違いはありますが、基本的には「目的・方法・結果・考察」であると考えられます。各要素をどの程度詳しく書くかは、文章の種類によって異なります。本章では、短いけれども重要な、「論文要旨」と「学会発表申請のための要旨」を取り上げます。論文要旨は、投稿する雑誌によって違いがありますが、通常300〜600字程度の長さにおさめなければなりません。発表要旨も、多くの場合600〜1000字程度に制限されています。要旨は短い文章ですが、これによって論文全体を読んでもらえるかどうか、学会発表申請の場合は発表できるかどうかが決まりますから、大変重要なものです。

8.1 論文要旨

タスク① 内省

　論文要旨には、その論文の「目的・方法・結果・考察」が簡潔に述べられなければなりません。要旨として整っているかどうかを決める条件はどのようなものでしょうか。下の(a)から(e)の(　　)に適切な言葉を下の　　　から補充して、よい要旨の条件を述べる文を完成させてください。

(a) 全体構成に関する条件
　　「　・　・　・　」の四つが、すべて、適切な(　　　)で述べられている。
(b) 内容についての条件
　　全体の目的に(　　　)性のある事柄が、質も量も(　　　)に述べられている。概念が、あいまいでなく(　　　)に述べられている。
(c) 表現についての条件
　　文構造や主語述語の関係に(　　　)や(　　　)がない。
(d) 文体についての条件：話し言葉ではなく、(　　　　　)として適切な(　　　)や(　　　)が用いられている。
(e) 書式についての条件：字数制限が守られている。
　　（実際は、フォントやサイズについても決まりがありますが、このタスクでは考慮しません。）

ねじれ	序論・本論・結論・文献	不足	学術的論述	語彙	
文末表現	順序	目的・方法・結果・考察	関連	厳密	十分

タスク ② 分析・リバイズ

（1） 素材文 1-a は、論文の要旨の案です。問題点を指摘してください。なお、要旨の字数は、300～350 字と決められています。

素材文 1-a：論文要旨（案）

大学生のデート DV 認識

　ドメスティックバイオレンス（以下 DV とする）の定義は、配偶者や交際相手など親密な関係で起こる暴力である。DV は夫婦間だけの問題ではなく、高校生や大学生などの未婚の若年層間でも起きており、これをデート DV という。DV と同じように、デート DV も、被害件数は年々増加傾向にあり、夫婦間の DV に継続する場合もわりとあるため、デート DV の防止を目的として、予防教育などが行われ始めている。しかし、まだ一般的に認知されていない。そこで、今回の調査では、文学部と教育学部の学生を対象にデート DV への認識や加害、被害の実態を明らかにし、今後の予防教育のあり方を考えるときに役に立つようにしたいと考えた。調査結果からは、デート DV に対する認知度は高いとは言えないこと、DV に対する思い込み（DV 神話）が根強い実態があることがわかった。デート DV に対して、正しい認識を持っていないため、DV とは知らずに被害を受けたり、加害を行ったりしている部分もある。また、デート DV に対しての考え方がアンケートに回答すること自体に教育的効果が見られたため、予防教育ではさらに効果的な変化が見られることも予測される。

（490 字）

（2）素材文1-aを書き直してしてください。なお、調査は、280名を対象に質問紙法によって行われました。

大学生のデートDV認識

_____
_____
_____
_____
_____
_____
_____
_____
_____
_____
_____

（3）素材文1-aの構造・内容・表現についての分析を読んで、自分では気づいていなかった点（×）、気づいていたが書きなおしをする際に対応できなかった点（△）、対応した点（○）を、区別して、印をつけてください。

素材文1-aの分析

〈構造〉

① （　　）「問題点の指摘」につながるはずの「背景」の記述において、デートDVに特化した説明がなされていない上、「認知されていない」の主語がないため、問題の焦点が明確にわからない。そのため、この研究の意義が説得力ある述べ方で述べられていない。

② （　　）「目的」の記述はあるが、十分ではない。

③ （　　）「結果と考察」には、「目的」で挙げられていた「今後の予防教育へのあり方」への示唆が述べられていない。

〈内容〉

④ (　) DVについての説明が長すぎて、研究の内容を書く余裕がなくなっている。

⑤ (　) 方法に関する情報が不足している。対象者の数や調査の方法が示されていない。

⑥ (　) 「DV神話」が何をさすかわからない。思い込みを「神話」と言い換えているだけなら、書かないほうがよい。別の内容があるのなら、説明しなければならないが、要旨の限られた字数の中でそれを行うのは難しいと思われる。

⑦ (　) 結果の三つの事柄は、別々の事柄が並列しているのではなく、「知識がなく、そのため、被害加害が生じている」という、一連の事柄であると考えられる。その関係を示したほうがいい。

〈表現〉

⑧ (　) 最後に「予防教育ではさらに効果的な変化が見られる」と書かれているが、予防教育がすでに行われた実績があるのか、今後予防教育を行えばという想定でのことなのか、不明確である。

〈文体〉

⑨ (　) 「わりと」「あり方を考えるとき」「役に立つようにしたい」「〜たりしている部分もある」といった、口語的、俗語的表現、冗長な表現を改める必要がある。

〈書式〉

⑩ (　) 字数制限を大幅に超過している。

(4) (3)の○、△、×の分布を見て、自分の分析力にはどのような傾向があると思ったか、書いてください。

（5）素材文 1-b は、素材文 1-a の筆者が書き直したものです。これを読んで、（2）で書いた自分の修正案と比較し、違う点を抜き出してください。

素材文 1-b：論文要旨

大学生のデート DV 認識

　ドメスティックバイオレンス（以下 DV）のうち、未婚の若年者間のものをデート DV（以下 DDV）と呼ぶ。DDV は夫婦間 DV へとつながる危険があり、増加傾向にあるにもかかわらず認知が遅れており、対策が急がれている。本研究は、対策への示唆を得るため、文学部と教育学部の学生 280 名の DDV の認識と加害・被害の実態を質問紙法により調査した。その結果、DDV についての認知度は低く、知識不足や誤った認識に状況認識を阻害されて、DDV だと思わずに被害を受けたり加害を行ったりしている実態が判明した。早急に認識を是正する必要がある。本調査への参加が教育効果を上げたことが観察されたことから、適切な情報を提供する予防教育を行えば大きな変化が生ずると期待される。

（321 字）

タスク③ 分析・リバイズ

（1） 素材文 2-a は、論文の要旨の案です。**タスク①**で確認した、(a) 全体構成に関する条件、(b) 内容についての条件、(c) 表現についての条件、(d) 文体についての条件、(e) 書式についての条件を念頭において、素材文 2-a を吟味してください。まず、問題点を抽出し、それがどの条件に抵触するのかを考えてください。なお、字数制限は、タイトルを除いて、300字です。

素材文 2-a：論文要旨（案）

高齢者の生きがいの男女差

　高齢社会を迎え、高齢者の生きがいが関心を集めている。さまざまな生きがい事業が行われているが、高齢者のニーズとの乖離も考えられる。そこで、生きがいの対象にどのような男女差があるのかを文献的に明らかにし、生きがい支援について検討することを目的とした。文献研究の結果、高齢者の生きがいの対象は、趣味と家族を基調に、男性では自己の内部、女性では他者との関係に向けられており、年齢とともにミクロな地域差が生ずることが考えられた。生きがい支援には男女共通に社会参加を促すだけでなく、男女差や地域の特性を考えることが重要であると考えられる。　　　　　　　　（261字）

(2) (1) で抽出した問題点を修正して、要旨案を書き直してください。なお、情報が不足している場合には、X年、Y件などと、仮に記号で代替しておいてください。

(3) 素材文2-bは、素材文2-aの筆者が（1）で示された分析を読んで書き直した要旨です。（2）で書いた要旨と比較して、自分の要旨のほうがよいと思われるところ、素材文2-bのほうがよいと思われるところがあれば、書いてください。

素材文2-b：論文要旨

高齢者の生きがいの男女差

　高齢者の生きがい意識を高めようと諸自治体が行っている「生きがい事業」の多くは、高齢者の内的ニーズと乖離しており、効果が乏しいと批判されている。内的ニーズは男女で大きく異なると考えられるため、本研究は、高齢者の生きがい意識における性差を文献から明らかにし高齢者支援方法への示唆を得ることを試みる。200X–Y年に発表されたZ件の文献から、両性とも生きがいの源泉は趣味と家族であるが、男性は自己の内部、女性は他者との関係に主な関心があること、また、年齢とともにミクロな地域差が生ずることがわかった。社会参加促進は両性にとって有効と考えられるが、性差と地域特性を考慮して事業を企画することが重要である。　　　　　　（298字）

タスク④ 分析・リバイズ

（1） 素材文3-aは、論文の要旨の案です。分析して、問題点を抽出し、それが以下に再掲する**タスク① 内省**で見た（a）から（e）のどの条件に抵触するのかを考えてください。なお、字数は300～350字と指定されています。

論文要旨に求められる条件

(a) 全体構成に関する条件：「目的・方法・結果・考察」の四つが、すべて、適切な順序で述べられている。

(b) 内容についての条件：全体の目的に関連性のある事柄が、質も量も十分に述べられている。概念が、あいまいではなく厳密に述べられている。

(c) 表現についての条件：文構造や主語述語の関係にねじれや不足がない。

(d) 文体についての条件：話し言葉ではなく、学術的論述として適切な語彙や文末表現が用いられている。

(e) 書式についての条件：字数制限が守られている。

素材文3-a：論文要旨（案）

高校生のストレスの学年差

　高校生という時期は自己アイデンティティ形成期であるが、日々の学業はもちろんのこと、将来の進路（進学、就職の選択）、受験を巡って、家族や友人、教師との人間関係の中にストレッサーがたくさん存在している。本研究では、高校生のストレッサーにはどのようなものがあり、学年が進めばどうなるのかを調査した。また、ストレスに対するソーシャルサポートの関係について調査することも目的であった。対象をA県立B高等学校の1年生、3年生の中から各3クラスとし、調査した。ストレッサー調査における学年毎の傾向として、1年生では、「高校の勉強に追いつかない」「友人や教師といった学校生活における関わり」でのストレスの割合が多かった。3年生では「成績が伸びない」「進路について考えた」でストレスを感じた割合が多いという結果であった。このことから、1年生では学業や人間関係といった学校生活の中にストレスが多く存在し、3年生へと進むうちになぜか、さまざまな側面から人間関係によるストレスは減っていき、進路選択や成績によるストレスが増えるようである。ソーシャルサポート調査では、記入率が悪く量的研究ができるデータではなかったが、高校生との関連の傾向を見ることができた。両親では物理的サポート、同性の友人では情緒的サポート、教師では情報的サポートとしての役割が大きいと考えられる。

（564字）

（2）素材文 3-a を書き直してください。字数制限は 300〜350 字とします。なお、この調査は質問紙調査で、分析対象とした回答数は、1 年生が 121、3 年生が 116 でした。

（3） 素材文 3-b は、素材文 3-a の筆者が書き直した要旨です。どのような点が修正されているか、書いてください。

> **素材文 3-b：論文要旨**
> **高校生のストレスの学年差と対応への示唆**
>
> 　自己アイデンティティ形成途中にある高校生のストレス要因は、アイデンティティ形成度によって異なり、求められるサポートも異なると考えられる。本研究は、学年によるストレス要因の変化とサポート探索状況を知るために、A 県立 B 高校の 1・3 年生に質問紙調査を行って、それぞれ 121 名・116 名の回答を分析した。その結果、1 年生は「学業」「人間関係」、3 年生は「成績」「進路」がストレス要因として抽出された。サポート探索に関するデータは十分に得られなかったが、両親には物理的、同性の友人には情緒面、教師には情報的サポートを求めていることが示唆された。1 年生には学校生活適応を進める支援、3 年生には進路情報提供を行うことが望ましいと考えられる。
>
> （313 字）

タスク⑤ 執筆

（1） 自分の専門分野の研究雑誌に掲載された論文を一つ、手に入れてください。**その「要旨」の部分を隠し**、本文の重要と思われるところに下線を引きながら、全体を読んでください。論文についての次の四つの情報を下に書いておいてください。

選んだ論文の題名、筆者、発行年、掲載雑誌と箇所

（2） （1）で選んだ論文の要旨を書いてください。（本物より、優れた要旨を書いてください！）

（3） 本物の要旨と読み比べて、自分の要旨を批評してください。

8.2 口頭発表申請書

🖥 タスク⑥ 分析

（1） 素材文4-aは、大学院生の野村さんがある全国学会の研究大会で口頭発表するために書いた発表申請書の案です。字数制限は700字以内で、キーワードは5語以内です。構成、内容、表現、文体について分析してください。また、タイトルとキーワードもそれぞれ妥当かどうか、検討してください。

素材文4-a：口頭発表申請書（案）

タイトル：C国における経済発展と格差社会

キーワード：C国、経済大国、格差、社会問題、不公平感

　C国は経済発展が進み、20XX年には世界で第Y位の経済大国となった。都市部を中心に、人々の生活の水準はかなり向上し、所得の多い富裕層も増加している。高級品の購買力も高まり、外国旅行に出かける人々も増えた。

　一方で、山川（2012）が指摘したように、C国では、急激な経済成長の結果、都市と農村との格差問題や、大都市への人口集中による就職難と地方の過疎化が起こり、さらには、全国的に見られるようになった急速な工業化が進むのに伴って大気汚染などの公害の問題が生じ、食の安全に関する社会問題も次第に深刻になりつつある。その結果として、以前と比べて、多くの人々が経済的な豊かさを享受できるようになった反面、現在の社会に対して、不公平感などの不満や健康不安などを抱くようになったと観察される。これに対して、D国は、すでに先進国となって久しいが、戦後、経済発展を続け、高度成長期を経験する中で、種々の社会問題に直面し、解決してきた。

　このことから、C国をD国と比較すれば、C国の現在の問題に対する解決策が得られると強く期待できる。D国は最も理想的な比較対象である。

　そこで、本研究は、C国の現代社会における格差について、先行研究および、特にx, y, およびzの3地域におけるフィールドワークから問題点を整理し、それらを、D国に関する先行研究の記述と比較し、C国D国の経済発展と社会への影響についてまとめ、また、国民の「格差」への意識を明らかにすることを目的とする。このような調査分析の結果は、C・D両国の現存する社会問題を解決するために有意義であると思われる。

(669字)

（2）　素材文 4-b は、野村さんが作成した素材文 4-a を、大学院の先輩に見てもらい、コメントを受けて書き直したものです。どこが改善されたか、表 8-1 に示した、タイトルとキーワードも含めて、構成、内容、表現、文体、分量の適切性について分析してください。

素材文 4-b：口頭発表申請書

タイトル：C 国の格差社会に対する国民意識── D 国との比較に基づいた現状分析──
キーワード：経済発展、格差、C 国、D 国、国民の意識

　C 国は経済発展が進み、20XX 年には世界で第 Y 位の経済大国となった。都市部を中心に、人々の生活の水準はかなり向上した。一方で、山川（2012）や谷山他（2014）が指摘したように、急激な経済成長の結果、都市と農村との格差問題、大都市への人口集中と地方の過疎化、さらには、全国規模での急速な工業化に伴う公害や食の安全に関する社会問題が次第に深刻になりつつある。その結果として、以前と比べて、多くの人々が経済的な豊かさを享受できるようになった反面、貧困層を中心に、人々は現在の社会に対して、不公平感などの不満や健康不安などを抱くようになったと観察される。

　これに対して、D 国は、戦後、高度経済成長を遂げる中で、種々の社会問題に直面し、解決を図ってきた。C 国に見られる公害や過疎化の問題も経験している。一方で、昨今、失業率も上昇し、格差問題も指摘されている。このことから、C 国を、急速な経済発展を遂げ格差問題も議論されている D 国と比較すれば、C 国の現在の問題に対して、さまざまな示唆が得られると期待できる。また、D 国には、国民への定期的な世論調査によるデータも豊富にあることから、D 国は C 国の比較対象として適切であると判断される。

　そこで、本研究は、C 国の現代社会における格差問題について、先行研究および、特に x, y, z の 3 地域におけるフィールドワークから整理し、かつ、D 国に関するデータとの比較によって、C、D 両国の経済発展と社会への影響をまとめる。また、両国の国民の「格差」への意識を明らかにすることを目的とする。本研究の結果は、C 国の現存する社会問題の解決のために有意義であると思われる。

（692 字）

表 8–1　素材文 4–a から 4–b への修正箇所および改善が認められる理由

	修正箇所	改善されたと認められる理由
タイトル		
キーワード	・素材文 4–b では「D 国」が入っている。	・「D 国」は比較対象国として重要であるため。
構成		
内容	・素材文 4–a では「D 国は<u>最も</u>理想的な比較対象である」と書かれているが、素材文 4–b では、世論調査があることなど、比較対象として D 国が適切である理由を含めて述べられている。 ・素材文 4–b では、素材文 4–a の第 1 段落にある富裕層の具体的な説明が削除されている。	
表現	・素材文 4–a の「D 国は<u>最も</u>理想的な比較対象である」の下線部が素材文 4–b では削除された。 ・素材文 4–a の「全国的に見られるようになった急速な工業化」は、素材文 4–b の「全国規模での急速な工業化」に変更された。	
文体		
分量		・700 字以内という制限があるので、両者とも適正な分量と言えるが、その分量に近い素材文 4–b のほうがより適切と言える。

第 8 章　研究の要旨を書く

✏️ タスク ⑦ 執筆

（1） 先輩や友人などの中で、口頭発表を申請した経験が豊富な人に、申請要旨を書く場合の注意点を聞いて、その内容を書いてください。

（2） 実際に、全国学会などでの口頭発表の申請を行うために、その学会での口頭発表申請要旨の執筆要領を熟読した上で、要旨を書いてみてください。申請前に、自分でよく推敲し、必ず、指導教員か先輩、友人など、他の人に読んでもらってコメントを受けてください。

第 8 章のまとめ

　研究内容を報告する文章には、要旨や発表申請書、学術雑誌に掲載されるショートコミュニケーションのように短いものから、雑誌論文や博士論文のように長いものまでさまざまな種類があり、構成も必要条件も異なります。しかし、基本的には「研究目的、研究方法、研究結果、考察」にあたると考えられる要素から構成されていて、次のような条件を備えていることが求められます。

　(1) 構造：目的（＋背景）、方法、結果、結論が、適切な順序で述べられている。
　(2) 内容：目的関連性、相互の論理的関連性のある事柄が述べられている。
　(3) 表現：概念が厳密かつ適切に述べられている。論理関係が整合している。
　(4) 文体：学術的論述としてふさわしい表現が用いられている。
　(5) 書式：字数制限、形式についての制約が守られている。

私の発見

第9章
活動報告を書く

　本章の目的は、何らかの公的な立場で参加した活動の報告文を作成する際の注意事項を学ぶことです。活動の内容を報告文にまとめることは、学生時代だけでなく職に就いてからもしばしば要求されます。

　実験報告や業務日誌のように、形式が明確に指定されていて、何を書くべきか比較的容易に認識することができる場合もありますが、自分で書くべき事実を選択し、それを意味づけ、評価を示さなければならない場合もあります。起きたこと、見たこと、行ったことを伝え、そこから今後の改善や発展に結び付く示唆を引き出して、読み手に伝えなければなりません。「活動報告」とひとくちに言っても、その活動がどのような種類の何を目的とした活動であるのか、報告を誰に向けて行うのか、どの範囲に公表されるのかによって、書くべき内容も表現も異なります。

　本章では、大学が発行する「活動報告書」に掲載される、見学、体験実習、インターンシップなどの学習活動の報告文と、大学のニューズレターに掲載される研究室と自分の活動紹介を、批評したり書き直したりすることを通して、報告を書くときにどのような点に留意すべきかを学びます。

9.1 実習報告、見学報告、インターンシップ報告

🔍 タスク ① 内省

(1) 学習活動を報告する目的は、「学習成果を示すこと」、すなわち、他の人に学習活動の内容と、そこから引き出した自分の今後の改善や発展に結び付く示唆を伝えることです。「他の人」「学習活動の内容」「今後の改善や発展への示唆」の各要素について一つずつ考えてみてください。

　まず、「他の人」とは誰なのかを考えてください。「誰にでもわかるように書くことが大切だ」とよく言われますが、実は多くの場合、読者層を特定し、その人たちが何を求めて報告書を読むのかを想像することができます。ここでは、実習報告集や見学報告集など、大学が発行する「学習活動報告書」に掲載されている報告文に関して、読むかもしれない人と、その人たちが何を目的に、どのようなことを考えながらそれらを読むのかを考えて、次ページの表 9-1 にそれぞれ書き出してみてください。

(2) 次に、「学習活動の内容」には、どのようなことが含まれるか、考えて下に書いてください。

表 9-1 予想される読み手と読む目的

読み手	読む目的、考えていること
担当した教員	成績評価のため。 「見るべきことを見て、すべきことをきちんとしたか」「活動の成功や失敗を、自分の準備や活動への態度、考え方と結びつけて、今後の成長につながる内省をしているか」
活動に参加しなかった学生、教員や事務職員	
学生の家族や保護者	
大学に寄付をしている人	
ほかの大学の教員	
学生が卒業後、就職するかもしれない機関や企業の人	
来年この大学を受験しようかと考えている高校生	受験するかどうかを決めるため。 「面白い活動をやっているなら、受験したい。先輩たちがあまりつまらないことしか書いていないなら、受験はやめよう」
一般の人	

（3）「今後の改善や発展への示唆」としては、誰（何）にとってのどのような示唆を示すべきか、考えて書いてください。

（4） 下の文章の空所に入れるべき語句の候補が □ に三つずつ与えられています。最も適切なものを選んで書き入れ、「学習活動報告書」の要件を述べる文章を完成させてください。

(a) （ア　　　　　）の知識量と述べようとする（イ　　　　　）とを考慮して、事実を、（ウ　　　　　　　）伝える。

(b) 事実に対する主観的・（エ　　　　　）な印象ではなく、その事実に対する分析や（オ　　　　　）を客観的に述べる。

(c) 考察として、「何を見て（カ　　　　　　　　　　　）、自分の今後の学び方や生き方にどのような示唆を得たか」を自分のことばで記す。

(d) 考察は、「（キ　　　　　　　）」に基づいていなければならない。

ア．筆者　　　　　　読者　　　　　　対象

イ．事実　　　　　　対象　　　　　　結論

ウ．できるだけ簡単に　できるだけ詳しく　過不足なく

エ．批判的　　　　　情緒的　　　　　共感的

オ．感想　　　　　　解釈　　　　　　意見

カ．自分がその場所においてどれだけ熱心に活動したか
　　観察対象とした状況・活動・機関のどのような問題点を見出し、解決策を考えたか
　　どう理解し、それによって社会・世界に対する自分の理解をどう深めたか

キ．数量的なデータ　　事実とその分析・解釈　　感想と意見

タスク① 内省　解説

　「学習活動報告書」は一般的に、「**概要**」「**報告（事実と分析）**」「**考察**」の三つの部分から構成されると考えられます。しかし、これは一般的に見出される区分を抽象化して述べたもので、実際の形態がこのようであると言っているのではありません。つまり、これがいつも報告文の「節」の小見出しとなるわけではありません。

　「概要」には、事実関係の簡略な記述と考察の中心的事柄を述べます。論文で言えば「要旨」にあたる部分だと言えます。「報告」では活動の内容や観察した事柄、背景事情、分析や解釈を述べます。「考察」では、最終評価や提案など、結論となることを述べますが、重要なことは、**結論がそれまでの叙述に立脚していることです。ある評価を述べるなら、それがどこから出てくるものか、その筋道が読者に伝わらなければなりません**。また、活動する前からわかっていたような常識的事柄を考察や結論として述べるのは意味がありません。いくら正しいことであっても、活動する前からわかっていたことは「前提」「出発点」であって、結論とはなり得ません。

　第1案を書き終わったら、下のような点に留意して推敲し、できれば、他の人にも読んでもらうことが望ましいです。

推敲のポイント

構成：節や段落の作り方は適切か（情報の適切な分類）。ラベル[1]と内容が対応しているか。
内容の選択：読者・報告者の立場・報告する活動の種類から考えて、報告の目的にふさわしい内容が書かれているか（目的認識は適切か、目的に関連したことが選択されているか）。事柄の間に矛盾がなく、適切に結び付いているか。
論述：事実と分析や解釈が区別されているか。事実は過不足なく書かれているか。事実が適切に意義づけられているか、反対に、分析や解釈は適切に証拠づけられているか。それらが、読者が処理しやすい方法で提示されているか（話題や中心的概念が、早い段階で提示されているか）。
言語：語彙、文末表現、連語関係[2]は適切か。

> 注1)「ラベル（label）」は、内容全体を示唆する簡潔な表現で、小見出しや段落冒頭の語句など、全体の内容を予告する役割を果たすものです。
>
> 2)「連語関係が適切である」というのは、「語と語の組み合わせに関する決まりに違反していない」という意味です。言葉の組み合わせには、適切なものとそうでないものがあります。たとえば、「与える」と「あげる」の意味は似ていますが、「影響を与える」とは言えても、「影響をあげる」と言うことはできません。「影響をあげる」は、意味はたやすく想像できますが、連語として認められないため、使うことができません。

■ タスク② 分析

（1） 素材文 1-a の文は、開発途上国の都市部ではない地区にあるレフェラル病院（一般病院では対応の難しい重症患者など、他の医療機関から転送されてきた患者に対応する病院）を見学した看護学専攻の学生による報告書です。素材文 1-a を読んで、不適切だと感じる箇所に印をつけ、何が問題なのか指摘してください。

素材文 1-a：学習活動報告

A 地区 B レフェラル病院訪問：地方における医療の現状

1. 訪問内容

　平成 XX 年 8 月 Y 日、午後 5 時 10 分から 40 分までの 30 分間、A 地区にある B レフェラル病院を訪問した。急な訪問であったため、訪問時間は 30 分と短かったが、病院の概要や診療内容、機能について説明を受けながら、施設内の見学を行わせていただいた。

　このレフェラル病院では、1 階建ての平屋に五つの部屋があり、21 床のベッドを有している。スタッフは 20 のうち医師が 3 人、看護師が 3 人、助産師が 2 人である。医師は、24 時間体制をとっている。一般診療に加え、AIDS 検査ができる部屋もあり、結核、AIDS、分娩介助などの機能を保有している。しかし、帝王切開を行う機能はない。

2. 活動報告

　B 病院では、一般診療に加え、妊婦検診、結核・AIDS の感染症検査、自然分娩介助を行っている。看板に CDC（Center for Disease Control）と書いてあったことから、CDC による医師の 24 時間体制が導入されている。

　施設は、建物向かって左が薬剤室、その隣に病室、感染症検査室という配置であった。病室は満床で、家族がベッドサイドに、患者がパイプベッドに布を敷き、横になっていた。入院患者は、比較的高齢の患者が多く、その多くが点滴をしていた。外の敷地

に目をやると、木にハンモックを張って点滴をしながら寝ている患者も見受けられた。

3. 考察

　今回、レフェラル病院を見学し、看板の表記から、この病院が支援によって建てられたものだとわかった。その外見は、老朽化している様子がうかがえた。ベッドも日本とは大きく異なり、安楽性が低いと感じた。また、電線がはられているのは確認できたが、病室は太陽光のみで、実際に電気が通っているのかは定かでない。

　レフェラル病院を訪れて、都市と地方では設備と体制に大きな差を感じた。やはり、地方の病院施設は都市に比べて建物も古く、設備も不足していると感じた。特に、分娩介助の機能については、この病院では帝王切開できるマンパワーが不足しているということである。救急車もなく、救急を要する事態における医療体制の不備を地方ではより感じることになった。今後、このような地方における格差が、この国の大きな課題だと思う。

　しかし、地方においても感染症の検査ができるようになっていることは、地方でも感染症の罹患のリスクが少なからず予防されてはいるのである。それと同時に、妊産婦の健康以上に感染症がこの国における大きな脅威であると考えられていると思われる。

　このように、たくさんの問題がこの国にはあるが、この国は今、国を挙げて着実に成長していこうとしている。発展途上にあるだけに、たくさんの可能性があるといえる。私はこの国を訪れて、私には何ができるだろうかと考えた。何ができるかはわからないが、私はどのような立場であれ、たくさんの可能性を伝え、この国らしいこの国の未来を考えていきたいと思った。

（2）　友人がどのような問題点を見出しているかを聞いて、「自分は見落としていたが、確かにそれも問題である」と同感した点を書き加えてください。

_____
_____
_____
_____
_____
_____
_____
_____
_____

（3）　下のア．〜カ．は、教師が指摘した問題点です。自分の指摘と重なっている点はどれですか。一致したものには（　）に○を書いてください。また、それぞれが何の問題を指摘しているのかを考えて、コメントの後ろに書いてください。

ア．（　）全体のまとまりがよく考えられていない。「1．訪問内容」と「2．活動報告」という見出しは同じような意味であると感じられ、どう区別されるのかわからない。実際に、「1」の後半は訪問全体の概要ではなく、訪問した病院についての説明である。「2」も、病院の説明であり、さらに、「3」にも病院の描写がある。

_____

イ．（　）中心的主張とそれを支える細部の情報がつながっていないところがある。「3」の最初の段落にはいろいろの事実が挙げられているが、まとめが述べられていないため、それによって何を言おうとしているのかわからない。「3」の2番目の段落は、「地方と都市部の格差が大きい」という主張が示されている。しかし、次の段落で述べられている地方の感染症予防の問題と妊産婦へのケアの問題がどう位置づけられるのか、よくわからない。都市部との格差があることを明示するには、地方の病院の情報だけでなく、比較が可能になる情報を提供すべきだと思われる。

_____

ウ．（　　）述べられている筆者の最終的見解が、適切でないと感じられる。「3」で、「発展途上にあるだけに、たくさんの可能性がある」と書かれているが、途上国だからこそある可能性とは何なのかを具体的に示さない限り、気休めのように感じられる。「私に何ができるだろうかと考えた」を受けて「何ができるかわからない」と述べられているのも、真剣さが足りないように思われる。立派なことを言わなくてもいいから、自分の今の力の範囲で対象と自分とを見直し、考え抜いた結果を率直に述べることが必要なのではないだろうか。

エ．（　　）整合性に欠ける表現がある。「1」に「結核、AIDS、分娩介助などの機能」とあるが、「分娩介助」以外の二つは「機能」とは言えない。「2」の中の、「……と書いてあったことから、……されている」は、「……と書いてあったことから……されていることがわかる」のようにすべきである。「3」の中の、「罹患のリスクを予防する」も、「罹患を予防する」または「罹患のリスクを減らす」とすべきである。「3」に「老朽化している様子がうかがえた」とあるが、老朽化は直接目に見える現象であるから、「うかがえた」は不適切である。「たくさんの可能性を伝え」とあるが、「可能性」と「伝える」は、つながらない。

オ．（　　）報告文であるから、「行わせていただいた」などの敬語は省き、客観的で、かつ、相手に対して失礼には聞こえない表現を選ぶべきである。

（4）素材文1-bは、教師の指摘を受けて素材文1-aの筆者が書き直した文章です。全体の印象がどう変わったか、それはどのような要因によるかを考えて、書いてください。友人とも意見を交換してください。

素材文1-b：学習活動報告

A地区Bレフェラル病院訪問：地方における医療の現状

1. 訪問概要

　平成XX年8月Y日、午後5時10分から40分までの30分間、学生40名と教員6名でA地区にあるB病院を訪問した。B病院の医師からこの病院の概要や診療内容について説明を受けながら、施設内を見学した。問題を多く抱える地方の現状を知り、地方の保健の質の向上のためには、予防のための健康指導と早期の転送処置のできる体制を整えることが重要であり、それには看護職が貢献できる可能性が大きいと感じた。

2. 観察

　Y病院は、1階建てで5部屋ほどあり、正面から一番左の部屋が薬剤室でその隣に3部屋21床の病室、一番右の部屋が感染症の検査室となっていた。風通しを良くするためか扉はどの病室も全開になっていた。病室の中は、蛍光灯の光もなく太陽の光が少し差し込む程度で薄暗かった。電線は張られていたが、電気は通っていないらしかった。ベッドはあまり寝心地がよさそうには思われないパイプベッドで、そこに布を敷いた上に患者が横になって点滴を受けていた。病院の外の木陰のハンモックの上で点滴を受けている患者もいた。患者は高齢層が多く、面会の家族も多かった。家族の中には、ベッドの脇に横になっている人もいた。

　ここでは、一般診療に加え、妊婦健診、結核・AIDSの感染症検査、自然分娩介助を行っているが、帝王切開を行う機能はない。スタッフは20人で、うち3人が医師、看護師が3人、助産師が2人である。この病院は、CDC（Centers for Disease Control 感染症対策センター）となっており、医師は、24時間体制で診療を行っている。

3. 考察

　B病院の訪問で最も強い印象を受けたのは、都市と地方の差である。設備や体制が全く違う。地方の病院は都市のそれに比べて建物が老朽化しており、設備や物資も不足している。救急車の姿もなく、帝王切開などの救急を要する事態に対応する医療体制は全く整っていない。A地区には今回訪問した病院を含め五つのレフェラル病院があり、総病床数は約400床であるが、この収容能力でA地区の約790万人に対処しているわけである。病院数、ベッド数が不足していることは改めて指摘するまでもない。首都では100万人の人口に対して国立病院だけでも7ヶ所はあるので、これだけを見ても、都市と地方との格差が大きいことがわかる。

　また、妊産婦に対するケアが十分でないことにも危惧を覚えた。感染症の検査の設備

はあっても、帝王切開を行うマンパワーはない。妊婦の健康についての心配よりも感染症の脅威ほうが大きいのであろうが、転送されてきたレフェラル病院でも帝王切開ができないという事実には、大きな衝撃を受けた。

　この現状を見て、この国では、地域における保健の質の向上を重点的に行うことが何よりも重要だと感じた。地域の保健員の教育を行い、彼らの力によって健康に関する知識を普及させれば、人々の健康を増進させ、病気を予防することもできるだろう。治療だけでなく予防段階から介入するシステムを作れば、人々の健康状態が把握しやすくなり、異常の早期発見につながる。妊婦の異常なども早期に発見すれば、都市の設備の整った病院に搬送することができる。そうした連携が行える体制を整え、地方の人々も医療の恩恵を受けられるようにすることが急務である。

　そのように地域保健の質を向上させるために看護師が貢献できる可能性は、非常に大きいと考えられる。住民や保健員の教育、異常の早期発見と早期搬送処置は、医師がいなくても、看護職がいれば、可能である。看護職のほうが人々にきめ細かな対応や教育が行える可能性もある。

　このように看護師が地域の人々の健康を守る責任を担うことは、かならずしもこの国だけでなく、日本でも同じだと思われる。過疎に悩む高齢化した地方の村の保健の質を保つのに、看護職の貢献できる可能性は小さくないと思った。

タスク ③ 分析

（1） 素材文2-aは、看護学部に入学したばかりの学生が、「職場体験実習」と呼ばれている活動を行った後に書いた報告文です。この活動の目的は、タイプの異なる医療施設に行って看護師の仕事を観察し、看護師の果たす役割、そのために必要とされる知識・技能・心構えを考え、大学での学習目的と学習方法についての自覚を高めることです。活動後に書く報告としては、「何を経験したか」に基づいて、「看護師の役割をどう理解したか」「大学での学習についてどのような示唆を得たか」が書かれていることが期待されていると考えられます。報告文は担当教員に提出されますが、大学ホームページの中の「キャンパスライフ紹介」の記事の一つとして掲載される可能性があるため、担当教員以外の学内学外の人々が読むことも想定する必要があります。

下のア～カの質問に答えることを通して、素材文2-aを評価してください。

素材文2-a：学習活動報告

職場体験実習報告

1. 実習概要

　平成XX年5月15日、16日体験実習に行った。この実習は、4人1グループに分かれ各グループが指定された実習場所に行き、そこで看護師1人に学生2人が付き1時間のシャドウイングを行い、30分のインタビューを行う。

　私は1日目にA総合病院に行き、2日には特別養護老人ホームBに行き、実習を行った。この実習の目的は看護学生から見たいかなる場で働く看護師の役割、機能について学ぶことだ。今まで患者としての目線でしか看護職をみていなかったが、初めて看護学として看護職を見ることで普段当たり前と思っていることを実行する難しさを痛感した。

2. 観察

　A総合病院では病気を治すために患者は入院されているため、看護師は円滑に患者の治療が進められるように看護することがこの施設での最重要な役割である。1時間のシャドウイングのなかで、4人の患者のバイタルサインの計測や、呼吸器外科であったために吸入等の治療を行い、また患者の治療を行うたびにカルテの確認をし、医療ミスの対策もしっかり行われていた。

　特別養護老人ホームBでは、まず利用者が65歳以上の高齢者であり、利用者の9割の方が認知症である。そのため病院と違い病棟の出入り口に施錠がされているなど、利用者の安全のためのセキュリティーがなされている。看護師は利用者の身の回りの介助をする介護士と綿密に連絡をとり、体調の優れない利用者の体調管理、看護を行う。利用者は病気ではないため、看護師は日ごろから利用者と雑談等のコミュニケーションをとり関係を深め、利用者の心身ともの健康維持に努めている。

> 3. 考察
>   この実習で最も印象的であったのは特別養護老人ホームBでの利用者の心身ともの健康を保つための看護であった。今までの私の看護のイメージは病院での治療を円滑にするための看護であり、いかに正確に手早くするかということが求められると思っていた。このことは確かに正しいが、看護の機能とはこのような病院での看護のみではないことにこの実習を通し、気づいた。看護の機能とはあらゆる場でその場の目的に合わせた看護をすることで人々の健康を保ち、保とうとすることであろうと私は考えた。
>   その一つの例として特別養護老人ホームBでの看護があげられるだろう。ここでの目的は利用者の心身の健康維持である。その目的達成のためには、一般的には看護とは思われないコミュニケーションやレクリエーションが必要不可欠であるのだろう。この私にとって新鮮な看護は現在のマニュアル頼りの看護に必要なものではないかと思った。

ア．タイトル、節の作り方はよいか。

イ．「概要」には、活動の概要、主たる観察結果と結論が簡略に述べられているか。

ウ．「観察」には、目的関連性のある事柄、考察で行う議論を支える事柄が過不足なく記述されているか。中心的概念が明示されているか。記述されている事柄は、それが言及される意義が明確であり、中心概念に収束するように提示されているか。

エ．「考察」には、学習する主体としての視点から見た考察と結論が示されているか。学習する主体としての内省が提示されているか。

オ．論述の方法は適切か。事実関係が明瞭に把握できるか。事実と解釈は区別されているか。読者が処理しやすい方法で提示されているか。曖昧な部分はないか。

カ．語彙、文末の表現、連語関係は適切か。話し言葉や俗語的表現が混じっていないか。

（２）　友人がどのようなことに気づいたかを聞いて、同感であったことは書き足してください。

（３）　素材文2-bは素材文2-aの筆者が指導を受けて書き直した文章です。どのような点が改善されているか、観察して述べてください。さらにこうすればもっと改善されると感じられる点があれば、書いてください。友人とも意見を交換してください。

素材文 2-b：学習活動報告

20XX年　初年次現場体験実習報告（総合病院・特養）

1. 実習概要

　科目「初年次現場体験実習報告」は、医療や福祉の現場を体験することによって看護職の役割への理解を深めることを目的に、新入生を対象に実施されている。病院、老人施設、企業など、さまざまな施設を訪問して職員に「シャドウイング」を行って仕事を疑似体験するとともに、職員と面談して専門家の声を直接に聞く。

　平成XX年度は、4人ずつの15グループに分かれて実習を行った。報告者は、A総合病院（以後「A」と略）と特別養護老人ホーム「B」（以後「B」と略）に他の3名とともに赴き、看護師に対し1時間のシャドウイングと30分のインタビューを行った。これまで患者の視点から見ていた看護職を将来の自分の仕事として眺めてみて、難しさ

を痛感し、看護職の役割に対する見方が偏っていたことに気づいた。看護職としての知識と理解力を備えるには、大学在学中に基礎知識と技術を身につけると同時に、人間をさまざまな角度から見ることのできる目を養うことが必要であると思った。

2. 観察

　AとBでは主な対象者が異なる。Aにはさまざまな年齢の人が病気治療を目的に入院しているが、Bの利用者は高齢者（65歳以上）で、その9割が認知症である。

　対象が異なるため対応も看護師の任務も異なる。Aでの最重要任務は治療が円滑に進むようにすることである。呼吸器外科で行った1時間のシャドウイング中に4人の患者のバイタルサイン計測や吸入等の治療が行われたが、看護師は治療の際一つの手順ごとにカルテを確認し、ミスの防止に細心の注意を払っていた。Bでは、利用者の安全確保のために厳しい処置がとられていた。たとえば、出入口は施錠されていた。看護師の任務は、利用者の心身の健康維持と体調不良者の体調管理・看護であり、それには、日常的介助を担当する介護士との連絡を密接にし、利用者とも普段から雑談などをして関係を深めることが必要である。看護のイメージとは一見そぐわない、レクリエーションの企画や実行も任務の一部である。

　AとBは、「人々の健康」という目標は共通しているけれども、それを達成するために行う活動や方法は大きく異なっていた。

3. 考察

　報告者にとって新鮮に感じられたのは、Bにおける看護師の仕事内容であった。治療の円滑化のために手早く処置をするという、これまで自分が持っていたイメージとは異なり、おしゃべりやレクリエーションをしながら人々を観察している。看護にはこんなやり方もあるのだった。報告者はこれを見て、看護職はマニュアルに沿って確実に行えばよいといった固定的なものではなく、多様な場においてその場の目的を認識し、それに合う看護方法を判断して実行しなければならないことに気づいた。手早さが重要とされる現場にも、Bでの看護の要素が必要であろう。

　適切な方法を多数の可能性の中から選んで行う力の基礎となるのは、人体の構造や生理、病理、看護の方法に関する広範な知識と、人間の心身の状態を理解する力である。したがって、現在勉強している科目を確実に履修することは、絶対に必要であると痛感した。それとともに、コミュニケーションの力や見識を広げる努力をしなければならないと思った。

✏️ タスク ④ 執筆

（1） 自分が参加した体験学習や語学研修、インターンシップなどについての報告を書いてください。書き始める前に、下の計画表を用いて、どのような手順が必要か、何にどのくらい時間がかかるかを予測して、報告書完成までの計画を立ててください。

執筆計画

作成日　20　　年　　月　　日

活動名	
提出先	

手順	終了予定日	すること、必要な人や物	必要時間・日数
Step 1 文章の構造を考え、資料を準備する。	月　　日	現場でとったメモを用意する、書きたいことを全部書き出してみる、それらの関係や重要度を考えてマップにまとめてみる、結論を考える、結論を述べるために必要なことは何かを考える、節の構成と小見出しを考える、使えるかもしれない写真をそろえる	2時間
Step 2 執筆する。	月　　日		
Step 3 推敲する。	月　　日		
Step 4 他者のチェックを受ける。	月　　日	第1候補：＿＿＿＿さんと＿＿＿＿先生 第2候補：＿＿＿＿　と　＿＿＿＿	
Step 5 修正と最終確認をする。	月　　日		

（2） 体験学習や研修の報告を執筆してください。

9.2 不特定多数に向けて広報する

■ タスク ⑤ 分析

（1） 素材文3は、大学院博士前期課程の森さんが同じ研究室内の留学生の林さんとともに、学内の『キャンパスニュース』に「研究室紹介」の記事として投稿する文案です。『キャンパスニュース』は教職員も学生も読むものです。字数制限は800字ですが、現在はそれを超えています。構成、内容、表現、文体について分析し、簡潔にできるところは修正してください。

素材文3：紹介文（案）

　私たちは先端科学技術開発研究所の大学院生です。私たちの研究室について紹介させていただきます。専門分野は、実験系で、Xに関する技術開発とその評価です。研究室のメンバーは、指導教授と准教授、助教の先生方の他、外国人研究員が1名、学生は、学部4年から博士後期全部で12名おり、多国籍なので日本語だけでなく、英語や中国語、韓国語も使えます。

　まず、私たちの研究室にはさまざまなルールがあります。朝は必ず9時までに研究室に行かなければなりません。このルールは昔から伝統的に研究室の中で習慣になっているものです。一方晩に帰宅できる時間は、平日はたいてい午後10時ごろです。実験系の学生はいつも忙しいので、夜遅くまで研究をしています。ただし、結婚している人は少し早く午後7時頃に帰ることもあります。

　次に、1週間に1回、毎週金曜日にゼミがあります。私の研究室には学生が多いので、1回につき、3人ずつ交替で発表を担当します。ゼミでは、各自の研究の進捗状況の報告、論文の紹介、日本語の表現について、セッションを分けて進められます。

　また、大学にいる間は、自分が今どこにいるか、掲示板に必ず表示しておく必要があります。そうしておけば、来客への対応や指導教員からの急な連絡など、あらゆることに迅速に対応できます。

　さらに、実験に関するルールもいくつかあります。何より安全が第一なので、化学反応を起こしやすい物質を用いる際には、常に細心の注意が必要です。また、機械や装置の正確な利用方法を知っておかなければなりません。方法を誤ると、機械や装置を損傷あるいは故障させてしまうことがあり、その結果、実験の遂行が困難となってしまいます。さらに、機械や装置の使用後は、必ず点検して、電源を落とす等の後始末が必要です。最後に研究室を出る人は十分にチェックする必要があります。

　実験や研究はときどき大変ですが、研究室の仲間と協力し合ってよい雰囲気で毎日過ごしています。夏休みや、論文発表会の後には、研究室のメンバー全員で、合宿や旅行をし、また、国際会議への参加等で行動をともにし、さらに良好な人間関係の維持に努めています。

(888字)

(2) 次の5人のコメントは、(1)で分析した、素材文3の文章についての、研究室の助教の先生や博士後期課程の複数の先輩によるものです。これらのコメントを読んで、文章を書き直してみてください。

☆助教の春山先生：だいたいいいと思うけど、いくつかコメントするね。まず、研究室の教授の名前はどこかに入るのかな。先生の名前を入れて「逢坂研（究室）」の紹介、というふうになるわけ？　それから、研究室のルールがいくつかあることはわかっても、その後、文章がずっと続いているよね。段落分けは内容別にされているけど、もっと早い段階で、ルールをいくつ紹介する、というふうに情報を出した方が、読み手にはわかりやすいんじゃないかな。

☆博士後期課程の夏目さん：研究室のメンバーが結局全部で何人か、最初に情報を出せばどう？　それに、細かいことだけど、第1段落では「私たちの研究室」で、第3段落では「私の研究室」となってる。統一するか、むしろ、逢坂研究室、って入れちゃってもいいかもね。

☆博士後期課程の秋本さん：細かいことだけど、第2段落の3行目にある「一方」は、接続表現と言えるものだから、その後に、「、（読点）」を入れた方がいいよね。それから、文字数減らしたかったら、「さまざまな」を、理工系でよく使う「種々の」にすることもできる。

☆博士後期課程の冬木さん：3段落目ですけど、「私の研究室には学生が多い<u>ので</u>、1回につき、3人ずつ交替で発表を担当します。」というところ、他の専門の人には、どのくらいの学生数だったら、人数が多いかわかりにくいし、そもそも、ゼミ全体の時間によって何人ずつが適切か、変わってくるわけですよね。「多いので」というように理由づけをしない方がいいような。

☆博士後期課程の雪村さん：記事を書いてくれて、本当にどうもありがとう。私は何もしなかったけど、コメントだけ言わせてもらいますね。最後の方にある「協力し合ってよい雰囲気で」というのは、わかるけど、文字数も多くて削らなければいけないので、主観的な「よい」を使った表現は、なくてもいいんじゃないかなと思うけど、どうでしょうかね。

（3） 書き直した案を友人と見せ合って、自分の案を訂正しようと思ったことをメモしておいてください。

第9章のまとめ

(1) 活動報告も、他の文章の場合と同様に、読者がどのような人か、結論として何を提示する必要があるかを、よく見定めた上で書くことが重要である。
(2) 活動報告は、その活動の目的に合致した情報を過不足なく提示しなければならない。
(3) その活動を行わなくても言えるような一般的な意見や結論を書くことがないよう、その活動報告を通して最終的に得られた考え方や、視点の拡大といった変化などについて、具体的に、冷静で、かつ客観的な表現で示さなければならない。
(4) 活動報告の文章で用いる表現は、目的と媒体、読者の既有知識によって、適切に選択しなければならない。

column ❺
投稿前に論文をチェックする

　投稿論文が「採択」されるためには、コラム⑥で示す査読のチェック項目にある通り、論文の内容だけでなく、それ以外の条件も満たす必要があります。

　日本人のAさんは初めて投稿した際に、執筆要領にあった8ページまでという制限を守るため、当初16ページ書いた論文の、表や図を極端に小さくして投稿した結果、返戻(へんれい)になりました。また、留学生のBさんは5ページまで書いたら書くことがなくなったので、そのまま投稿した結果、結果は返戻でした。読者が読めないような図や文字で原稿を送られると、その論文は掲載できません。せっかく8ページ与えられているのに、5ページで投稿した論文は、まだ研究が不十分だと判断されたわけです。投稿経験がない人は、一人で考えたり悩んだりしても、なぜ返戻になったかわかりませんね。

　このようなときのために、指導教員や研究室の先輩や同級生がいるのです。もちろん、論文は自分で、研究テーマを決めなければなりません。指導教員の先生から、優れた論文の紹介を受けたり、自分でも探して興味を持った論文を多読したりするうちに、面白いと思うテーマが見えてきます。そこで、指導教員の先生に「私はこのようなことに興味があり、書いてみたいのですが」と相談することができます。そうすれば、先生からはいろいろなヒントがもらえます。そのヒントから、論文の構成を考えてみます。考えたことを研究室の先輩や同級生に話してみてください。経験豊富な先輩は、実験やアンケートの方法を教えてくれるかもしれません。同じテーマに興味がある同級生も自分とは違う考えや最近読んだ面白い論文のことを教えてくれるかもしれません。このような助けを借りながら、まずは論文を書いてください。書いてみたら、それを他の人に読んでもらって、コメントをもらいましょう。コラム⑥（本書 p.173）の査読者のチェック項目の中には、内容以外に、論文の構成、表現、ページ数、参考文献の書き方もあり、このようなことについて自分では気づかないことを教えてもらえます。指導教員の先生には、意味のわからない文章を持っていかないでください。先生は、大勢の学生の論文を読む必要があるので、誤字誤用の多い文章をすべてチェックする時間がありません。チュータや研究室の先輩に見てもらって十分に修正してから先生に提出すると、内容に関する助言が得られやすくなります。そこでは、自分の考えていた方法の不適切さ、分析不足などについてのコメントを得て、もっと内容を深めることができるはずです。

　このようにして論文が投稿できれば、「返戻」という悲しい結果を見ないですむでしょう。先生を含めて他人の言うとおりにするだけでは、オリジナリティがありませんが、人の意見を聞いて自分の考えを深めることが、論文の質を高め成功につながるのです。

第10章
未知の人やコミュニティに「自分」を説明する

　最後の章では、研究に携わる一人の人間として、他の研究者たちや研究者の作る組織とコミュニケーションを取るときに必要なことは何かを考えます。人間と人間とが直接的あるいは間接的に接触するときには相手への配慮が必要です。研究の内容や結果を報告するものである「論文」や「報告」における**相手への配慮**とは、**(不特定多数の）読者**にとっての**理解のしやすさを最大化する**ことであると言えます。個人的・直接的に接触をする場合には、理解のしやすさに留意することももちろん大切ですが、研究コミュニティにおける自分の立場と相手の立場および状況とを理解して、それにふさわしい行動を取り、自分との接触や交流が相手にとって、迷惑とならず、実りあるものとなるよう、配慮しなければなりません。

　ここでは、自分の進めている研究に必要な援助や協力を求める文章と、研究組織の職に応募する場合に提出が求められる「抱負」の文章とを用いて、研究者の一人として知っておくべき言語的、社会文化的知識を確認します。

10.1　研究者の卵としての「自分」を説明する

🖥 タスク ① 分析

（1）　素材文 1-a のメールは、某総合大学のある研究科の大学院生が、別の研究科に所属する高山先生に送ったメールです。受け取った高山先生は「何をしてもらいたいのか、わからない」と思ったそうです。友人とも話し合って、なぜそのように受け取られたのか、考えてください。

素材文 1-a：メールでの依頼文

〈送信日：20XX 年 X 月 Y 日〉
〈件名：お願い〉
A 大学 B 学研究院 C 科学部門 D 講座
高山花子先生

　初めまして。A 大学 X 研究科の大学院生の中山太郎と申します。突然のご連絡、恐れ入ります。
　私は、細菌を用いた実験を行っておりまして、今回 Streptomyces の実験に携わることになりました。
　先週から培養を始めましたところ、通常の細菌とは異なる扱いで戸惑う点もございまして、Streptomyces の扱い方を一から勉強しなければならないと考えております。参考書として、日本放線菌学会編『放線菌の分類と同定』を注文して待っているところですが、2 週間以上かかるようです。A 大の図書館においては、同書がそちらの研究室に貸し出されていらっしゃるようです。もしよろしければ、同書を読ませていただけませんでしょうか。また、先生方の研究室では、Streptomyces をかなり扱っておられるようなので、実際菌を扱う際のコツやアドバイス、菌からの生理活性物質抽出等に関しまして相談にのっていただければ幸いです。
　ご多用中恐れ入りますが、なにとぞよろしくお願い申し上げます。

A 大学 X 研究科博士後期課程
中山太郎
電話：***-***-****　　E-mail：****@******.A-u.ac.jp

（2） 素材文 1-b は、素材文 1-a の中山太郎さんのメールを、先輩が修正してくれた文章です。もしこのメールを受け取ったら、高山先生はどうなさるでしょうか。高山先生が大変親切な人だった場合と、あまり親切ではなかった場合（あるいは、極度に忙しい時期であった場合）の両方について考えて、下の欄に書いてください。

素材文 1-b：メールでの依頼文

〈送信日：20XX 年 X 月 Y 日〉
〈件名：Streptomyces 培養に関する御教示のお願い〉

A 大学 B 学研究院 C 科学部門 D 講座
高山花子先生
　突然ご連絡差し上げ、申し訳ありません。私は、A 大学 X 研究科の大学院生の中山太郎と申します。

　私が現在行っております Streptomyces の培養に関連してお願いがございまして、ご連絡申し上げました。一つのお願いは、本学図書館から先生の研究室に貸し出されている日本放線菌学会編『放線菌の分類と同定』を、大変恐縮ですが、いったん返却していただけないだろうかということでございます。現在抱えている問題解決のためのヒントが同書にあるのではないかと思い、書店に注文したのですが、2 週間かかると言われました。もう一つは、大変厚かましいのですが、もし可能なら、Streptomyces を使った御研究を数多く手掛けていらっしゃる先生に、問題解決策を御教示いただけないかということでございます。大変申し訳ないのですが、もしお時間の都合がつくようでしたら、ヒントをいただけませんでしょうか。

　現在、培養上清に産生する糖脂質などについて研究を行っておりまして、ある臨床分離株をグリセロールストックしたものを培養し、上清を回収して脂溶性分画に含まれるものを解析しているのですが、同じ条件で培養してもなかなか目的とする物質を安定して検出することができず、困っております。4 か月前の上清と比較すると、菌の増殖自体は変化がないのに、上清の量が 1000 分の 1 に減っているのです（詳しくは、恐れ入りますが、添付資料をご覧ください）。菌の増殖能に変化がなくても産生能が低下しているのではないかと思いますが、そういうことはあり得ますか。あり得るとしたら、それを復活させる、あるいは、低下を防ぐ方法があるでしょうか。大変恐れ入りますが、もしお時間がありましたら、この点について御教示いただければ大変幸甚に存じます。

　メールで御教示いただければもちろん大変助かりますが、口頭でご指導いただけますなら、御指定の時間にそちらに参上いたします。それでしたら、参考書はうかがった時に必要な部分を少し見せていただければ当面は間に合いますので、御返却いただく必要

はないかと思います。御多用中、勝手なお願いを申し上げ、まことに恐縮ですが、なにとぞよろしくお願い申し上げます。

A大学X研究科博士後期課程
中山太郎
電話：***-***-****　　E-mail：****@*******.A-u.ac.jp

（3）（2）の結果に基づき、素材文1-bが1-aに比べて最もよくなった点は、何であると考えられますか。

タスク① 分析　解説

　面識のない人にいきなり質問や要求をぶつけるのは不作法ではないかと心配するのはもっともなことです。しかし、遠慮するあまり、何をしてもらいたいのかわからないような言い方になってはいけません。相手に、真意を推し量ったり、質問の内容を問い返したりする手間をかけさせることこそ、不作法だと言えます。相手に余計な気遣いや手間をかけないように最大の配慮をすれば、依頼を受け入れてもらえる可能性が高くなります。

タスク ② 分析

　素材文 2-a は、自分の研究に役立ちそうな資料を持っている他大学の先生に、その資料を分譲（専門用語で「譲り受ける」こと）してほしいと依頼するためのメールです。このメールに関して、下の（1）〜（3）の問題に答えてください。

素材文 2-a：メールでの依頼

〈送信日：20XX 年 X 月 Y 日〉
〈件名：お願い〉

A 大学
大田一郎先生、
　突然メールを差し上げる失礼をお許しください。
　私は B 大学大学院工学研究科環境工学専攻の博士後期課程に在籍しておりまして、中田次郎と申します。『〈雑誌名〉』（2009）に掲載された大田先生の論文をお読みし、先生が構築なさったプラスミド*）を、私が今行っている環境浄化バイオプロセス開発の研究に用いれば、成功する可能性が大変高いと思いました。私の研究が成果を出せれば、もちろん私にとって大きな業績となりますが、それだけでなく、大田先生のプラスミドの利用価値が高まることにもなると思います。
　私の研究成果は、日本国内で利用されるだけでなく、国際協力事業の中での利用価値も大いに期待されているものですが、今年度中に成果を出す必要があるため、プラスミドをなるべく早く入手することが絶対必要なのです。なにとぞ早急にお送りしてくださいますよう、心から厚くお願い申し上げます。送り先は、下記のとおりです。送料は着払いで結構です。よろしくお願いします。

〒***−****　**県***市本町 1 ― 1
B 大学大学院工学研究科
中田次郎
研究室（**−***−xxxx）

　　*　プラスミドとは、細菌や酵母の細胞質中にあり、染色体 DNA とは独立して自律的に複製される環状 2 本鎖構造の DNA である。遺伝子工学の研究材料として、さまざまな人工的な改変が施されたものが作られている。

（1）　大田一郎先生が中田次郎さんの依頼に応じる可能性は高いと思いますか。

　　　　{非常に高い・かなり高い・五分五分・低い・ほぼゼロ} だと思われる。

（2）（1）のように考えられる理由は何ですか。素材文 2-a のメール文について、「よい」「よくない」と思われる点を下に列挙し、友人とも話し合ってみてください。

_____
_____
_____
_____
_____
_____
_____
_____
_____
_____
_____
_____

（3）素材文 2-b は、中田さんが素材文 2-a を修正した文章です。これを読んで、表 10-1 の「修正点」に関する対照表を完成してください。一部は記入してあります。

素材文 2-b：メールでの依頼

〈送信日：20XX 年 X 月 Y 日〉
〈件名：プラスミド分譲のお願い〉

A 大学
大田一郎先生

　突然メールを差し上げる失礼をお許しください。私は B 大学大学院工学研究科環境工学専攻の博士後期課程に在籍しておりまして、中田次郎と申します。本年度からは、学術振興会の特別研究員に採用されました。『〈雑誌名〉』（2009）に掲載された御論文の中で報告なさったプラスミドを、私どもの研究のために分譲していただきたく、伏してお願い申し上げます。

　私どもの研究室では現在、小田三郎教授を代表としたプロジェクト「根圏微生物共生系を活用した環境浄化バイオプロセスの開発」に携わっており、Plant Growth Promoting Rhizobacteria（PGPR）による水生植物の成長促進作用により、排水・環境水の浄化能力を高める技術を開発することを目指して、研究を進めております（この研究概要は、小田研究室の HP に記載しております：URL********）。PGPR の根圏への付

着が重要な要素なのですが、環境由来微生物が存在する中での目的PGPRの定量に問題を抱えております。緑色蛍光タンパク質（Green FluorescentProtein）を用いて可視化することができないかと考えていたところ、大田先生の論文を拝読し、先生が構築なさったプラスミドを使用させていただければ問題を解決することができるのではないかと思いました。

　プラスミドを御分譲いただけましたら、私が責任をもって細心の注意を払い、他のところに再分譲されるような事態が決して起こらないように厳重に管理いたします。幸いにも科学研究費が採択されましたので、分譲に関わる対価、送料などはお支払いいたします。この件については小田教授にもお話して、分譲していただいた場合には研究室での管理ができる体制にしていただいております。また、国際誌に投稿する場合は、必ず予め大田先生に御連絡、御相談申し上げます。以上、固くお約束申し上げます。

　プラスミドの使途等についての説明に不十分な点があろうかと思いますし、また、使わせていただくとしたら取扱いの注意点を御教示いただく必要があると思います。誠に恐れ入りますが、御都合のよい時間と連絡先をメールで御指示くだされば、こちらからお電話申し上げます。あるいは、研究室（**–***–****）または私の携帯電話（***–****–****）に御連絡いただければ、大変ありがたく存じます。御多用中、お手間をおかけして誠に恐縮ですが、御高配のほどよろしくお願い申し上げます。

〒***–****　**県***市本町1–1
B大学大学院工学研究科　小田三郎研究室
日本学術振興会特別研究員　博士課程2年
　　　中田次郎
研究室（**–***–****）
携帯電話（***–****–****）

表 10-1　素材文 2-a と 2-b の対照表

	素材文 2-a	素材文 2-b
全体構造	3段落で、内容は以下のようである。 ① 前置き ② 自己紹介と自分の研究にとっての「資料」の意義 ③ 自分の研究に期待される成果の見通し、自分の事情の説明、依頼、送付方法説明	
依頼内容の具体性		・〈件名〉と、最初の段落で、明示的に依頼内容を示している。 ・送付方法など具体的なことには触れていない。
情報の質量	・質量ともに不十分である。請求している資料の使途の説明が不足している。「成果」は、確実性がない。相手にとっても業績になるという言い方は、いささか僭越で、不適切である。 ・分譲してくれるかどうか相手が何も言っていない段階で分譲されることを前提とした送付先や送料の話をするのは、相手の意志を無視していることになり、不適切である。	
表現	・敬語の用法に問題がある。 「先生の論文をお読みし」は、「読ませていただき」または、「拝読し」とすべきである。 「お送りしてください」は、謙譲語を依頼文に用いることが不適切であるため、「お送りください」とすべきである。 ・定型表現の使用法が不適切である。 「心から厚く」は「御礼申し上げます」とともに使うべきもので、「お願いします」と一緒には使わない。 ・「着払いで結構です」は、相手からどうしたいか聞かれた場合の答としてはよいが、こちらから頼むのだから、「着払いとしてください」とお願いするか、ほかの表現にすべきである。	
相手への配慮		

（4） 表10-1の対照表に基づいて、研究者として他の研究者に何かを依頼する場合には、どのような配慮が必要かを考えて、下に書いてください。また、友人とも話し合ってください。

（5） 修正したメールを送った中田さんは、大田先生から電話をもらい、プラスミドを譲渡してもらえることになりました。電話では、プラスミドの再譲渡をしないようにという注意や、プラスミドの扱い方についての注意など、具体的な指示を受けました。その後、中田さんは、どうすればよいでしょうか。友人とも話し合って、すべきことを下に書いてください。

タスク ② 分析　解説

　研究の途中で「資料」の譲渡や専門的知識や技術の提供を他の研究者に依頼することがあります。論文で研究内容を知っただけで面識のない相手にお願いしなければならないこともしばしばあります。研究者の暗黙の了解として、こうした依頼にはできる限り応じて、研究の発展のために協力することが研究者の倫理的義務と考えられています。一方で、怪しい依頼は拒否して研究の不正利用を回避することも研究者の義務なのです。依頼する場合には、「研究者の卵」としての自分を信頼してもらえるよう、行動にも表現にも細心の注意を払わなければなりません。

　「資料」の譲渡を行う場合、譲渡する側が重視するのは、そのことによって自分に「プラス」の結果が得られるかどうかということよりも、「マイナス」の結果が引き起こされないかということです。マイナスの結果には、その資料が不正利用される、自分の知的財産権が侵されるといったことから、譲渡にかかる金銭的費用を負担させられる、手間や時間的負担がかかる、といったことまで、大小さまざまなことがあり得ます。これらの潜在的不利益に対する相手の心配を取り除いておくことが、依頼を受け入れてもらうために極めて重要です。

　心配を取り除くために最も重要なことは、使途が妥当であることが相手に判断できるようにすることです。それには、研究内容を明らかにしたり、信頼すべき指導者のもとで研究を行っていることを述べたりすることが有用でしょう。また、危険や相手にとっての負担を解消する方法を述べることも重要です。事故や不正利用、版権やプライバシーの侵害を回避する手立てをなるべく具体的に述べるべきでしょう。

　こうした正式の依頼を行うためには、メールであっても、かなり丁寧度の高い硬い表現が用いられます。しかし、単に丁寧表現を多く使うことよりも、上のような点に配慮し、相手を尊重する態度を示すことが、「学究の徒」としての自分への信頼を得る上でより重要だと言えます。

タスク ③ 分析・リバイズ

（1） 素材文3-aは、「外国人児童を対象とした日本語教育の方法」について研究しているA大学博士課程の大学院生が、外国人児童が多く在籍するB市立C小学校の校長先生に、調査を依頼するために作成した正式な依頼状です。以下の（a）から（c）の各観点から問題点を指摘して、表10-2を完成させてください。

　　（a）　書式
　　（b）　構成と情報の質（含めるべき内容）
　　（c）　表現

素材文3-a：依頼状

B市立C小学校
山田花子校長

拝啓
　突然お手紙を差し上げます失礼、申し訳なく、心からお詫び申し上げます。私はA大学博士課程の1年生で、現在、博士論文「外国人児童を対象とした日本語教育の方法」を書いております。今回、研究のために、貴小学校において調査を実施したいので、何とぞご協力くださいますようお願い申し上げます。
　今回の調査で行いたいのは、下の3点です。
　1. 外国人児童のクラスでの様子を定期観察したい。
　2. 外国人児童に対し、日本語の試験を行いたい。
　3. 外国人児童を教えている先生にインタビューを行いたい。
　御面倒とは思いますが、博士論文の資料として、上の調査は不可欠なものなのです。返信用の封筒を同封いたしますので、御返事をいただけないでしょうか。何とぞよろしく御協力ください。
　　　　　　　　　　　　　　　　　　　　　　　　　　　　　　　　　敬具

20XX年X月Y日

A大学博士課程
川田葉子
住所：B市中央区中央町1丁目2-33、中央アパート404号
電話：***-***-****　　E-mail：****@*******.A-u.ac.jp

表 10-2　素材文 3-a の問題点分析

書式：
構成と情報の質：
表現：

（2）（1）の分析に基づいて、書き直してください。

（3） 素材文3-bは、川田葉子さんが指導を受けて書き直した文章です。どのような点が改善されたと考えられるかを、下に書いてください。

素材文 3-b

20XX年X月Y日

B市立C小学校校長
山田花子先生

　　　　　　　　　　学術調査への御協力のお願い

拝啓
　突然お手紙差し上げます失礼をお許しください。私は、A大学比較文化研究科博士課程に在学中で、川田葉子と申します。現在、「外国人児童を対象とした日本語教育の方法」という主題で研究を行っています。本日は、この研究の一環である調査に御協力を賜りたく、お手紙を差し上げました。
　近年、日本の小学校に通う外国人児童が急増しており、彼らに対する日本語教育方法の開発が急務となっていることは御承知のとおりです。申し上げるまでもないことですが、児童への日本語教育は、文化背景によっても年齢によっても異なる対応が求められ、多様な教材や教授法を開発しなければなりません。微力ながら私も、この研究を通して子どもたちや現場の先生方に少しでも役に立つ方法を提案できればと願っています。
　貴校は、B市の中でも早くからこの問題への対応をお始めになり、大きな成果をあげていらっしゃると聞きました。私の研究には現場での実地調査を行うことが必須であり、ぜひ、抜きんでた実績のある貴校で調査を行わせていただきたく、心からお願い申し上げます。具体的には、以下のことを行いたいと思っておりますが、回数など詳細な点につきましては、担当の先生方と御相談し、過度の御負担をおかけしないように調整したいと思っています。詳しくは、別紙の研究計画書を御覧ください。

　調査項目：
　　1. 外国人児童対象クラスでの定期観察（週に一度、10か月）
　　2. 外国人児童に対する日本語試験（5週間に一度。資料1を御参照ください）
　　3. 外国人児童に日本語を教えている先生に対するインタビュー調査（資料2を御覧ください）

　お忙しい先生方に御負担をお願いするのは大変恐縮ですが、先生方や生徒さんたちに御迷惑がかからないよう最大限注意いたします。また、何か私がお手伝いできることがあれば、力の限り協力させて頂きたいと思っています。調査をお許し頂けましたら、現場の役に立つ成果をあげるよう全力で努力いたします。なお、調査結果は研究以外の目的には一切使用いたしません。プライバシー保護には細心の注意を払います。

大変恐れ入りますが、御連絡を頂戴したく、返信用の封筒を同封いたしましたが、郵便でなく、電話・ファックス・電子メール等のほうが御都合がよろしければ、番号・メールアドレスは下のとおりです。日時を御指示いただければ、そちらに参上し、必要な御説明や打ち合わせなど、させていただきたく存じます。なにとぞ御高配を賜りますよう、伏してお願い申し上げます。

敬具

A大学博士課程
川田葉子
住所：B市中央区中央町1丁目2-33、中央アパート404号
電話・ファックス：***-***-****　E-mail：****@******.A-u.ac.jp

✎ タスク ④ 執筆

自分の研究にとって必要な許可や資料や指導を依頼するメールを書いてください。

10.2　組織の一員となるべき「自分」を説明する

🖥 タスク⑤　分析

　学習・研究活動のために書く書類は数多くありますが、大学や大学院の課程を終えたあと、就職活動をする場面でも多くの文書の提出が必要です。履歴書や、指導教員に書いていただく推薦書など、さまざまありますが、その中の一つに応募に当たっての「応募理由書」あるいは「応募に当たっての将来の抱負」などの文章が課せられることがあります。一般的には、民間企業への就職を希望する人が多いと思いますが、アカデミックな世界で働くことを考えている人もいると思います。下記の文章例は、ある大学のグローバルセンターという組織からの助教の公募要領です。また、素材文 4-a は、この公募要領を見て応募した大学院生の文書です。この二つの文書に関して、（1）～（3）の問題に答えて下さい。

A大学　グローバルセンター助教（常勤）公募要領

　A大学の重要な教育目標の一つである「国際性」涵養を目的として、国際協力や共生社会の構築を目指してグローバルな課題に対応できる人材育成を支援するため、「グローバルセンター」が設置されました。本センターでは、この度、以下のとおり、特任助教（常勤）を募集いたします。

1. 公募人員：特任助教（常勤）1名
2. 所属先　：本センターの教育開発部門
3. 専門分野：国際関係論など社会科学的なアプローチによる分野
4. 担当科目：本センターで開発する教育プログラム
5. 応募資格：(1) 博士の学位を有すること
　　　　　　(2) 上記3の分野を専門とすることに加えて、国際機関についての専門的知識や開発事業における実務経験のあることが望ましい。
　　　　　　(3) 研究、授業および実務が行える高度な英語能力を有すること
6. 着任時期：20XX年4月1日以降のできるだけ早い時期
7. 応募書類：
　　(1) 履歴書、連絡先、学歴、職歴、研究歴、賞罰、所属学会、学位
　　(2) 業績表：査読付原著論文、国際会議プロシーディングス、著書等に分類して記載すること
　　(3) 主要論文3編の別刷各1部ずつ
　　(4) 今後のグローバルセンターでの活動に関する抱負（1500字程度）

8. 応募期限：20XX 年 1 月 17 日（金）（必着）
9. 面接：20XX 年 2 月上旬（予定）
10. 採否の通知：20XX 年 2 月下旬（予定）
11. 書類送付先：〒5XX-00YY
　　　　　　　大阪府△△市××1-1　AB 国際課気付グローバルセンター長宛

（1）　現在、B 大学理工学研究科博士後期課程 3 年生のマリアさんはこれに応募してみようと思い、応募書類の準備を始めました。応募書類の中で（4）「今後のセンターでの活動に関する抱負」をどのように書いてよいかわかりません。素材文 4-a はマリアさんが書いたものです。マリアさんの文章でよい点はどこでしょうか。具体的に書いてください。

素材文 4-a：抱負を述べる文章

貴センターでの活動に関する抱負

Maria XXXX

　私は X 国からの留学生でマリア XXXX と申します。今、B 大学理工学研究科開発工学専攻で博士論文を書いています。テーマは環境問題です。博士論文題目は「ライフ・ステージによる廃棄物管理の規定に関する研究」の予定です。このテーマは貴センターの国際力と直接関係はないかもしれませんが、国際間で起こるエネルギーと環境の問題を人間のライフ・ステージと関連させて考えていくという点で、今後の人間を中心に考える未来の技術開発の重要な問題に迫ることになります。ですから大きい意味で国際間の人々の協力、共存の問題に関係があります。たとえば子供、子育て世代の人々、高齢者と原子力廃棄物の管理との関係を考えて、その安全基準の計測法を実験的に提案するものです。この研究は雑誌に掲載されることが決まっているので、論文で来年 3 月には学位が取れると思います。実験を朝から夜遅くまで頑張ってやっています。体力には自信があります。
　貴センターの助教として就職できたら、貴センターの国際性強化に役立つ人間になると思います。
　A 大学は日本だけではなく、X 国でもほかの国でも有名ですから、就職できたらとてもうれしいです。きっと両親も喜ぶでしょう。それから、私は外国人ですから、国際的な人材として日本と X 国の懸け橋となって活躍できます。
　私は研究が大好きなので、研究を一生懸命に進めたいと思います。学部の時から朝から夜遅くまで研究室にいて、テレビも見ず、新聞も読まないほど研究が好きです。今まで、大学、大学院と大学の中だけで生活してきて、仕事をした経験はありませんが、研究には自信があります。
　助教の仕事は私の大学の助教の田中さんを見ていて、大変だなといつも思っています

が、私も、田中さんと同じように仕事ができると思っています。教育に関しては、あまり経験がないので、これから教えることも頑張らせていただきます。

　私の研究室の田中さんは理工学研究科で働いているので、国際問題の仕事はしていませんが、私はX国人なので、X語と日本語の両方ができ、英語もかなりできます。論文はたいてい英語で発表していますから、自信があります。国際協力、国際共生についての勉強はこれからですが、貴センターの役に立つようになると思います。

　これから貴センターに入って、スタッフのみなさんと楽しく仕事をすることを想像すると、大変うれしいです。一所懸命頑張らせていただきますので、どうかよろしくお願いします。

（1005字）

（2）　素材文4-aの文章で、改善する必要がある点はどこでしょうか。具体的に書いてください。また、改善案も書いてください。

（3） マリアさんは、先輩や友人のアドバイスを受けて、素材文 4-b のとおり書き直しました。改善された点は、何でしょうか。まだ改善すべき点があれば、指摘してください。

素材文 4-b：抱負を述べる文章

グローバルセンター応募に際しての活動の抱負

Maria XXXX

　私は B 大学工学研究科開発工学専攻博士課程においてライフ・ステージの視点から廃棄物管理に関する研究を行っています。博士論文題目は「ライフ・ステージによる廃棄物管理の規定に関する研究」となる予定です。このテーマは国際間で起こるエネルギーと環境の問題を人間のライフ・ステージと関連させて考えるもので、今後の人間の生活を支えるエネルギーの問題を、従来のエネルギー施策とは違った角度から捉えて解決を見いだそうとするものです。来年 3 月には学位取得の見込みです。

　A 大学の国際性強化に貢献する貴センターの活動としては、基礎教育と基盤開発が最も重要なことだと思います。この点に関して、私の研究や留学の経験から以下に抱負を述べます。

　貴センターに対して私は、博士課程での研究が活かせると思います。私の研究は、国際間の人々の協力、共存の問題に関係があります。たとえば子供、子育て世代の人々、高齢者と原子力廃棄物の管理との関係を考え、その安全基準の計測法について、実験と社会調査から実証的な提案を行います。この研究はさまざまな年齢層のライフスタイルの調査により、各ライフ・ステージの人々にとって原子力廃棄物の危険性に対処するために、工学的かつ社会学的に学際的な視点から最適な基準を構築するものです。この研究の過程で、社会学的なアプローチを学び、国際協力に関する社会調査の方法を習得しました。また、アンケートやインタビューで得た日本人との交流で日本人への理解も深めました。

　海外経験としては、TOEIC で 890 点を取得した後、博士 1 年生でインターンシップに応募して、イギリスの C 大学に 1 年間留学し、サイエンス・コミュニケーションの理論と実践を学びました。サイエンスコミュニケーション発祥の国で、サイエンスカフェにも参加し、世界各国からの友人も得ました。この留学によって、科学的思考法を一般の人に伝える種々の工夫を学ぶとともに英語で自由にコミュニケーションができるようになりました。日本、イギリス、X 国という異なる社会における生活を経験して、利害関係も考え方も違う国民同士の共存のあり方を考えるようになりました。

　貴センターに採用していただきましたら、私は、貴センターの実績から学びつつ、自身の経験を活かして、教育開発の中で、国際化を促進するサイエンス・コミュニケーションに関するワークショップやファカルティ・ディベロップメントの提案ができます。A 大学の学生が国際的な視野とコミュニケーション能力を持つ人材となるような夢の実現に貢献できるように努力いたします。

（1063 文字）

（4） 素材文 4-b の題目が「グローバルセンター応募に際しての活動の抱負」であり、所属先が「教育開発部門」であることから、最後の段落部分はもう少し詳しく書いたほうがいいかもしれません。改善案を書いてください。

第10章のまとめ

(1) 研究者の卵として協力関係を構築するには、仲間の信頼を得られる行動と態度をとらなければならない。信頼を得るには、十分な情報を的確に提供することが必要である。
(2) 研究者の卵として他からの援助を得るには、倫理的配慮を十分に行っていることと、経済的、法的な責任能力を持っており、実務処理に関して相手の負担を軽減するよう最大限努力していることを表明しなければならない。
(3) 手紙の挨拶や依頼に関する決まり文句は、日本語の場合、意味が類似した別の表現に置き換えることが難しい。

column ❻

論文の「査読」って何？

　大学院に入学すると、皆さんは研究者の卵として、その分野の研究仲間に入る準備をします。修士課程を終え、博士課程に入ると、査読付き論文が重要な意味を持ちます。これは研究者の業績として、その分野における評価の対象となるからです。修士課程では、まず修士論文の完成が大きな目標になりますが、挑戦的な大学院生は、学会発表や論文投稿をします。学会発表も論文投稿も、各学会で組織的に対応されています。学会発表は、研究発表の委員会で査読することがありますが、査読がない場合もあります。一方、論文投稿では、その学会の編集委員会の審査に通った論文だけが学会誌に掲載されるのです。

　投稿論文の審査、すなわち査読は、編集委員会で選ばれた複数の査読者が行います。この査読では、具体的に次のような点をチェックします。

　　⑴ 投稿された論文の内容はその学会誌の目的に合っているか、それは読者にとっても学会にとっても有益なものか。
　　⑵ 論文題名は適切か
　　⑶ 新規性があるか
　　⑷ 内容、結果の価値は有効なものか
　　⑸ 結論などの妥当性と信頼性はあるか
　　⑹ 論文の構成、表現はわかりやすいか
　　⑺ 制限ページは守られているか
　　⑻ 図表、写真は印刷したときに読めるように作成されているか
　　⑼ 和文あるいは英文要旨は適切か
　　⑽ 参考文献の示し方は学会誌の執筆要領通りになっているか

　質の高い論文は、その学会の会員だけでなく、学問全体あるいは社会にも役立つ内容を含んでいます。そのような質の高い論文を書くためには、今までに誰も気づいていないことに注目して、新しい発見を示すことが必要です。そういった質の高い論文を構成する文章表現は、研究の目的、方法を明確に示し、結論までの論理的整合性を維持するものでなければなりません。査読者は、これらのことを厳しくチェックし、上記の条件

を満たしていなければ、「不採択」「返戻(へんれい)」と判定します。判定結果は、編集委員会に報告され、委員会審議を経て、投稿者に通知されます。不採択（返戻）でない場合は、採択、条件採択、再投稿などのグレードを付けて、編集委員会に報告されます。

「採択」は、微細な修正だけで、ほぼそのまま学会誌に掲載されます。「条件採択」は査読者が指摘した点を修正すれば、目標とした号に採択されます。「再投稿」は、研究課題や分析方法自体に問題があり、かなり時間をかけると、採択になるかもしれないという場合の判定です。目標とする号には、時間的に無理だと査読者が判断し、次号までに投稿すれば、再審査されるものです。ただし、条件採択や再投稿という分類は、学会によって違います。

日本で博士論文を提出するためには、以上のような査読論文が何件かあることを条件にしている大学院が多いので、特に博士課程に入ったら、「査読」に通るような論文を書く必要があります。

私の発見

謝辞

　本書が完成に至るまでには、多くの方々に大変お世話になりました。ここに記して、感謝を申し上げます。

　まず、横浜国立大学留学生センターの門倉正美先生には、お忙しい中、特にアカデミック・ジャパニーズ教育の観点から、多数の貴重なコメントを賜りました。

　九州大学農学研究院の土居克実先生、大阪大学大学院工学研究科の惣田聡先生からは、専門的な用語の解釈も含め、Eメールによる文書作成に関して、何度も相談に応じていただき、有意義なご教示をいただきました。

　本書刊行前の試用期間においては、複数の大学院生のみなさんから率直な印象を述べていただきました。その貴重なコメントは、本書の内容に反映させることができたと思います。このような試用期間を経て、著者ら自身も教師として成長できたのではないかと考えています。

　大阪大学出版委員会の先生方、大阪大学大学院情報科学研究科名誉教授・国際教育交流センター元センター長の菊野亨先生、大阪大学大学院言語文化研究科・国際教育交流センター長の沖田知子先生には、常にあたたかく励まし見守っていただきました。大阪大学出版会の岩谷美也子編集長には、何度もご相談にのっていただき、最後まで本当にお世話になりました。

　このような多くのご支援をいただいた皆様のおかげで、本書を刊行できたものと思います。心より御礼を申し上げます。

村岡貴子・因京子・仁科喜久子

著者紹介

村岡　貴子（むらおか　たかこ）
大阪大学国際教育交流センター教授、博士（言語文化学）
専門分野：日本語教育学、日本語文体論、専門日本語教育研究

因　京子（ちなみ　きょうこ）
九州工業大学情報工学部非常勤講師、文学修士、Master of Arts
専門分野：日本語教育学、専門日本語教育研究、日本語学、英語学

仁科　喜久子（にしな　きくこ）
東京工業大学名誉教授、博士（学術）
専門分野：日本語教育学、コーパス言語学、専門日本語教育研究

論文作成のための文章力向上プログラム
―アカデミック・ライティングの核心をつかむ―

2013 年 3 月 30 日　初版第 1 刷発行
2022 年 5 月 31 日　初版第 5 刷発行

著　者　村岡貴子　因　京子　仁科喜久子
発行所　大阪大学出版会
　　　　代表者　三成賢次

〒565-0871　大阪府吹田市山田丘 2-7
大阪大学　ウエストフロント
電話：06-6877-1614　FAX：06-6877-1617
URL　http://www.osaka-up.or.jp
印刷・製本　シナノパブリッシングプレス

ⓒ Takako Muraoka, Kyoko Chinami and Kikuko Nishina
Printed in Japan
ISBN 978-4-87259-416-4 C3080

JCOPY〈出版者著作権管理機構 委託出版物〉
本書の無断複製は著作権法上での例外を除き禁じられています。複製される場合は、その都度事前に、出版者著作権管理機構（電話03-3513-6969、FAX 03-3513-6979、e-mail: info@jcopy.or.jp）の許諾を得てください。

論文作成のための
文章力向上プログラム

アカデミック・ライティングの核心をつかむ

別冊　解答例と解説ノート

大阪大学出版会

この別冊『解答例と解説ノート』における「解説」欄には、基本的に、主要な問題点に関する解説を示しています。考えられ得るすべての問題点について網羅的に解説したわけではなく、各章、各タスクの主要な目的と学習内容に即して説明を加えるものです。

第 1 章

1.1 (pp.12-16)

タスク①

（1）略

（2）略

[解説]

　論文やレポートを書いたことがなくても、学校で、さまざまなものを書いたはずです。宿題として、小学校では夏休みの体験や遠足で見たこと、中学校では読んだ本の感想や将来の希望などを作文に書いた人が多いでしょう。高校では、勉強した内容をまとめたり、社会問題について意見を書いたりしたことがあるでしょう。学校とは関係のない場でも、手紙や日記を書いたり、種々の活動に参加するために「志望動機」の説明を書いたり、詩や小説の好きな人は自分でも書いてみたことがあるかもしれません。自分が書いたことのあるものや読んだことのあるものの「種類（ジャンル）」をできるだけ多く、思い出してみてください。

（3）略

[解説]

　書いた文章には「個人的な体験や感慨を述べるもの」、「一定の主題や対象について客観的な論述を行うもの」、「数学の証明のように、定型に沿って書くもの」などがあったかと思います。「書き方の模範」とされたものがあった場合は、その内容を思い出してみてください。

　文章を書く際に何が重視され、奨励されるかは、出身地域の文化や教育観、あるいは、教育機関や担当教師の価値観によって、さまざまです。「定型」に合わせて書くことがよいとされる場合もあれば、「独自性」が強調される場合もあります。「心に浮かぶことを率直に述べる」ことが奨励される場合もあれば、「全体を計画して書く」ように促される場合もあります。祖国や宗教的教えへの賛美や祈りの言葉を盛り込むことが伝統となっていることもあります。これらは、ある地域や集団に固有の文化的価値観の反映であり、尊重すべきものです。

　学術論文を代表とする学術的な文章において、客観的立場から論ずることが必須とされたり、オリジナリティが尊重されて引用の手続きが厳しく遵守されたりすることも、「現代の学術界」という特定のフィールドに固有の文化に基づく価値観の反映です。学術論文において尊重される価値を絶対的・普遍的と考える必要はありません。しかし、論文およびこれと類似した文章を書くためには、学術界で合意されている「ルール」「価値」を知り、それに従う必要があります。それは必ずしも、私たちが子どものときから自然に身につけてきた文章に関する「ルール」「価値」とは一致していないかもしれません。

（4）（5）略

（6）[解答例]（p.14）

表 1-1　学術的な文章と日常の文章の違い

要　素	違いの有無	（違いがあるならば）　違い
語　彙	ある	学術的言語では、専門的で、意味（指す範囲）の明確な語彙が用いられる。
文構造（基本的文法）	ない	述語によって決まる格助詞の種類や語順など、文の基本的構造を決める規則は同じである。なお、日常的文構造では、主語や文末の省略、助詞脱落、語順倒置などが許されることもあるが、学術的文章では、これらは避けられる。
文と文とのつながり方	ある	日常的言語では、書く人の意識や感情の流れにそって文が展開することもあるが、学術的言語では、文と文とはその内容の間に成立する論理的関係を反映するようにつながらなければならない。

段落の作られ方	ある	日常の文章では、段落が厳密な論理にそって構成されていなくても許容されることがあり得るが、学術的な文章では、段落は一つの統一的概念に基づいて構成され、複数の段落は、文の全体的目標との関連性に基づいて、厳密に論理的に配置されていなければならない。
文章の全体構造	ある	日常の文章では、はじめから全体を見通して書き始めるのではなく、筆者の内的心理の展開にそって書かれることもあり得るが、論文では、目標と議論の内容に即した全体構造があらかじめ意識されている。
扱う内容（種類、範囲）	ある	日常の文章の中心的内容はさまざまであるが、学術的な文章の中心的内容は、学術的な報告や論考であって、個人的な話題や感情、美感に直接的に訴えることを目的とする内容は取り扱われない。
場面情報の影響度	ある	日常の文章では、特に個人的な発信受信に用いる文章では、場面情報によって補うことのできる情報が大幅に省略されたり、場面情報がなければ解釈ができない直示表現などが多用されたりするため、場面情報が非常に重要である。発信者と受信者の関係を考慮して敬語が使用されるなど、表現にも影響する。学術的な文章は、どこで誰が読んでも理解できるように書かれ、場面情報が重要となることは極めて少ない。発信者と受信者の関係性によって表現が変わることもない。
相手（読者）	ある	日常の文章の読者は特定の個人から不特定多数の人々まで多様であり得る。学術的な文章の読者は、その分野の専門家や、その分野に関心を持つその分野以外の専門的知識人であることがほとんどである。

解説

　ここでは、どのような違いがあるかを厳密に把握することが目標となっているのではありません。「学術的な文章の言葉」というのは、母語話者が子どものときから自然に覚えて使っている言葉とも同じではなく、母語話者でも意識して学習することによってようやく身につくものであるということを理解し、ある程度の努力と苦労に対する覚悟を促すことが目標です。

《日本語学習者のみなさんへ》

　「学術的な文章の日本語」が、「日本語の教科書」の日本語、日常言語の日本語とは全く違うのかというと、そうではありません。どんなに難しそうに見える文章も、初級日本語の教科書の文章も、同じ「文構造」のルールに従って組み立てられています。基本的には、日本語を母語としない人も、初級・中級で学習した文構造についての知識とよい辞書さえあれば、大多数の文章を理解することができるはずです。学習者の中には、自分の研究室での日本語のやり取りに触れて、「今まで日本語の教室で勉強してきた日本語はまったく役に立たない」と悲観する人がときどきいますが、悲観する必要はありません。

（7）略

1.2 (pp.15-16)

タスク②

（1）～（4）略

解説

　これらの問いについて考えてみて、どう思いましたか。学習の道筋が見えてきたでしょうか。それとも、時間の無駄のように感じたでしょうか。言語学習過程についての研究によると、自分の言語学習方法や言語学習環境について意識的な人ほど言語学習に成功しやすいと報告されています。ですから、自分の学習経験について、なるべく詳しく思い出してみてください。成功したことだけでなく失敗も、有益な道しるべとなるはずです。たとえば、「先生から渡されるタスクシートを宿題としてやった」という体験を持つ人は多いと思いますが、そのタスクシートが返却されたときに、どうしていましたか。すぐにゴミ箱へ……？　それとも、間違えたところや不完全だったところをおさらいしていましたか。ファイルに綴じ

て、一学期の終わりに復習していましたか。自分自身の勉強法や「よくできる」と思っていた友人の勉強法を、思い出してみてください。

　自分の成功体験や失敗体験、あるいは、自分の周りにいたよくできる人がどんなふうによくできたのか、友人に話してみてください。「文章を書くのが上手だということ」、「文章作成術」とは何なのかを具体的に表現してみてください。友人や教師の体験も聞いてみてください。

1.3 (pp.17-18)
タスク③
（1）〜（3）略
（4）略

> 解説

　学術的な文章を書くことを学ぶ目的は、「その分野の研究を行っている人や研究を志している人の集まり」、すなわち「研究コミュニティ」の仲間になるための表現能力を獲得することです。論文執筆や学会発表がほとんど英語で行われる分野であっても、日本で研究活動に従事するなら、日本語で学術的な受信と発信を行う技能のあることが死活的に重要であることは、論をまたないでしょう。

　日本の研究活動の場におけるコミュニケーション、たとえば、ゼミや実験の場でのやりとり、内輪の研究発表会などは、多くの場合、日本語で行われています。「話し言葉」としての「学術日本語」の運用能力を向上させるには、「書いてみる」ことによって全体構造を意識したり、論理性を検討したりする作業が不可欠です。また、研究活動を継続していくには、研究そのものだけでなく、研究活動の周辺にある活動を行う必要があります。たとえば、研究費獲得のために種々の財団などに申請書を書いたり、研究成果を応用する業界の人々に意見を聞いたり、実験に必要な物品や器具の製作を特殊な技術を持つ技術者に依頼したりしなければならないかもしれません。こうした、研究の場や研究周辺の活動においては、厳密で正確で、感じが悪くない日本語を用いる能力が重要です。日本語を母語としない人が研究活動も周辺活動もすべて英語で行うことは不可能ではないかもしれませんが、価値の高い情報を集めたり、長続きする深い人間関係を作ったりする上で、日本語の能力があれば格段に有利であることは確実であると言えます。

第2章

2.1 (pp.22-23)
タスク①②　略

> 解説

　第2章の重要で基本的な学習項目は、学習・研究活動における「書く活動」と「話す活動」とを比べて、それぞれのルールや媒体の違いを考えた上で、特に文字言語としての記録性をよく理解することです。レポートや論文などの文章の場合には、リアルタイムでコミュニケーションが行われる音声言語の場合とは異なる特徴がいくつもあることについて、その根拠を認識するとともに、理解を深めてください。

2.2 (p.25)
タスク③　略

2.3 (p.26)

タスク④

解答例

(a) レポート

- 提出する教員の氏名、授業名、提出日、学生氏名、学籍番号といった基本的な情報、およびレポートのテーマを明記する。
- 通常、文末表現は普通体（である体）を用い、丁寧体（です・ます体）は用いない。
- ページ数の制限がある。漢語などを活用して、表現は簡潔にすることが求められる。たとえば、「なぜAはBなのか、については」という表現より、「AがBである理由は」としたほうが文体的にも適切である。
- あいまいな表現は使わない。「ではないだろうか」「かもしれない」などの文末表現はできるだけ避ける。
- テーマによっては図表を効果的に用いることがある。図表には通し番号をつける。また、分野によって厳しさは異なるものの、図の場合にはタイトルを下に、表の場合はタイトルを上に書く方法が一般的である。タイトルもそれだけ見てすぐにわかるように、必要な情報を十分に入れた上で、簡潔な名詞句（例：本調査で用いたAのBにおける出現状況）を用いることが望ましい。
- データや先行研究の知見を引用する際には、必要な情報をもれなく記入し、引用文献リスト（あるいは参考文献リスト）に必ず、文献の情報を明記する。

解説

引用方法については、第3章3.4（「他者の情報の引用」）のタスクを参照してください。

(b) 論文

- レポートの場合と大部分は共通しているが、論文の場合には、投稿する学術雑誌が定めた執筆要領を厳格に守って書く必要がある。詳細な執筆要領が決められている場合、たとえば、一部の表現の表記についても、かな書きとするよう指定されていることがある。（例：「及び」ではなく「および」、「更に」ではなく「さらに」）

(c) プレゼンテーション用視覚資料

- レポートや論文とは異なり、視覚に訴える媒体の一つである。そのため、図表や写真が多く用いられることがある。
- プレゼンテーションの時間が決まっているはずなので、それに合わせて分量を検討しておく必要がある。たとえば、15分の発表の場合、スライドは1枚1分を目安にするのが適当であろう。したがって、15〜20枚程度なら、話しやすいが、40枚も作成すると、時間内に話しきれない恐れがある。
- ポイントをわかりやすく整理するために、箇条書きや名詞止めが比較的よく用いられる。

(d) 口頭発表の申請要旨

- 学会によって差はあるものの、およそ600〜800字といった字数制限があるため、その中で、全体的に書くべき内容を厳選して分量を考慮しながら、簡潔な表現を用いる必要がある。
- 文末表現はレポートや論文と同様に「普通体（である体）」を用いる。漢語も用いられやすい。
- 研究の目的や背景、調査方法、結果分析の報告など、要旨の枠組みを意識し、当日に発表する内容の中で重要度の高いものを厳選して簡潔に書くことが求められる。
- 先行研究の引用は、文字数を多く必要とする可能性があるため、必須のものにとどめ、簡潔にまとめる。

(e) その他

専門分野、あるいは、各大学や大学院、研究室によって、どのような文章を提出しなければならない

（ことが多い）か、傾向が異なる。実験レポートなど、構成がある程度決まっているレポートもある。それぞれ自分が書く必要のある文章が何かを観察し、そのルールと表現や構成をよくチェックしておく必要がある。

2.4 (p.28)
タスク⑤ 略

第3章

3.1 (p.32)
タスク① 略

3.2 (p.33)
タスク② 略

3.3 (pp.35-38)
タスク③ 略

解説

　学習・研究活動を円滑に行うために必要な時間を慎重に見積もって管理し、推敲に十分な時間をかけることは、習慣とすることが必要です。これらを習慣化しておかなければ、せっかくの努力が無駄になってしまうのです。締切りを甘く見積もって推敲作業を怠れば、多くのミスを発生させ、読み手の印象を悪くするばかりでなく、単位が取得できなかったり、論文が学術雑誌に採用されなかったりするなど、書き手である自分自身が不利になります。文章作成のためには、できるだけ早めに作業を開始してください。

3.4 (pp.40-42)
タスク④ 略

解説

　引用する意図は、ただ、引用文献の記述への賛否や評価を示すだけでなく、年代別に研究の流れを概観する場合や、引用した論文の方法論や手法を用いてデータを分類する場合もあります。

　なお、学会誌によっては、「XについてのYを用いた研究が行われている[1]～[3]」のように、引用した部分の右肩に上つきの小さいサイズの数字を入れ、巻末の引用文献リストの番号と一致させるという方法もあります。このような場合には、本文の中に、引用した文献の著者名や論文の刊行年は示されません。引用方法は、専門分野や学会誌によって異なります。学会誌ごとに決められている執筆要領を注意深く読んで、それらを厳守してください。

第4章

4.1（pp.46–47）

タスク①

（1）解答

表 4-1　付加された記述の効果

付加された記述	効果（複数選択も可）
ワークショップの成果は次の2点である。	(a)、(b)
第1に、	(a)
この教育の導入・推進に	(b)
災害看護学を教授する技能を獲得した。	(c)
第2に、	(a)
災害看護学を看護教育の共通の必須科目として確立していく基盤が作られた。	(c)
参加者が中心となった	(b)

4.2（pp.49–53）

タスク②

（1）解答例

表 4-2　素材文 2-a 中の各文の機能分析

④	X国もこの調査対象国の中の一つで、この研究によってX国の学習者が求める教師像の概略を明らかにしたことは、大きな成果と言える。	田中（2006）への評価を述べている（分析）。
⑥	しかし、田中（上掲）において、X国は複数の対象国の一つとしての位置づけで、質問項目にはX国の状況が深く反映されていない。	田中（2006）への批判を述べている（分析）。
⑦	そのため、この質問項目だけではX国での要求と評価基準について詳しく知ることができない。	自分の研究の方法にとっての示唆を述べている（判断）。
⑧	以上から、本研究では、佐藤（2008）で行われた手法を取り入れたいと考えた。	自分の研究の方針を述べている（判断）。
⑨	佐藤（上掲）では、対象国の教員7名と元学習者7名に母語による半構造化インタビューを行って、問題事例と成功事例の記述をデータとして収集し、そのデータから内容分析の手法で抽出した概念に基づく質問項目を用いている。	先行研究の一つ、佐藤（2008）の概要を述べ、その後の議論の基礎となる情報を提供している（事実の記述）。
⑩	そこで、本研究でも、教師経験者と元学習者に、自由記述を主体とした母語による質問紙調査を予備的に行って具体的な記述を収集し、そこから抽出された概念をもとに作成した質問項目を田中（上掲）の質問項目に加えて、最終的な質問項目を決定することにする。	自分の研究の方針を述べている（判断）。
⑪	この予備調査の方法は、下のとおりである。	上から続く次の叙述の内容を予告している。

（2）解答例

(a) ①の文は、「調査を行う」と、研究の中核を述べているが、具体的でないため、方法論についての議論を予告するというより、目的を記述したもので、目的の背景（重要性）についての議論が予告されて

いるように思われる。
(b) 事実、判断、分析が混在している。
(c) 田中についての議論は、「そのため、しかし、そのため、以上から」と続き、結論が後になるまでわからない。しかも「以上から」という文言から田中についての結論が出されると予測されるが、予測に反して、「佐藤」という全く新しい対象が導入される。この文脈からは、田中の方法は却下されたのだと推測されるが、最後になるとまた「使う」とあり、意外に感じられる。全部を読んで、もう一度考え直すと、「Ｘ国に適合した質問項目を選定する」という前提条件を確認し、まず田中について述べ、それに不足があるので、次に佐藤を出して、両方を合わせて使うという結論が提示されているとわかるのであるが、読んでいる途中では、田中の扱いが最後になって逆転するように感じられる。

　　この議論は、「田中（2006）」、「佐藤（2008）」を、論述の単位としているように思われるが、方法を記述するには、「どのような方法があるかという事実」「その方法が自分の研究にとって有利かどうかの検討」「どのような方法をとるか」という、議論の構成要素を単位として論述すべきである。
（3）　略
（4）　解答
　　冒頭段落が後続の内容を簡潔に示唆することに成功していると判断される。
（5）　解答例

表 4-3　素材文 2-b の構造分析

段落	情報内容	機能
第 3 段落	二つの先行文献の長所と短所の分析	結論を導くための議論を行っている。
第 4 段落	本研究の方法についての決定、具体的記述の予告	結論として、方法についての判断を示している。

解説
　一つ一つの文が明瞭であっても、情報が整理され順序良く提示されなければ、読みにくい文になります。また、筆者の整理にとって都合のよい順序であっても、読者の整理（＝情報処理）に負担がかかるのは、学術的記述としては不適切です。

　タスク②の文章は、どちらも、研究をどのような方法で行うのか、それはなぜかについて述べています。素材文 2-a では、途中で批判していた田中（2006）を用いることが最後になって判明するという読みにくい展開になっており、これでは、学術的厳密さが足りないという印象すら与えかねません。一方、修正後の文は、依拠する先行研究 2 本の概要が述べられ、その事実に基づいて両者の長所と短所が分析され、その上で自分の研究ではどうするかという結論が出てきます。読者は展開の予測が立てられるため、大変読みやすいと感じられ、研究内容にも好印象を持ってもらえる可能性が高まります。この違いは、素材文 2-b では、「事実」「分析」「判断」が明確に分類されて、この論理的順序に沿って提示されているからです。

　では、素材文 2-a は、どうしてこのような述べ方になってしまっていたのでしょうか。実は、素材文 2-a の話の順序は、筆者の内的経験をかなり忠実に反映していると思われます。筆者は、こうした分野の研究としては代表的なものである田中（2006）を見て、これがいいと思ったのでしょう。しかし、欠点もあるから、どうしようと思っていたら、佐藤（2008）がいい方法を提示していたので、この方法も取り入れることにしたのです。この時間的順序による叙述は、筆者の内面にとっては最もリアリティがあるのかもしれませんが、学術的記述としては、筆者のたどった道筋を示すよりも、最終的に到達した全体の設計図を見せる記述のほうが、はるかに適切です。全体の設計図を読者に示すには、「議論の通常の展開に沿って話を進める」ことや、「メタ表現によって全体の展開を予告する」ことが有用です。

4.3（pp.53–57）

タスク③

（1） 解答例

表4-4　素材文3-aの段落機能分析

番号	段落の機能	機能を推測する根拠となる部分	コメント
①	事業の全体像を述べる	趣旨を一言で述べれば、「……こと」である。	段落の機能はよく示している。
②	教育内容の説明	…新しい教養科目を開設する。具体的には、…科目を構成する。	段落の機能はよく示している。
④	発展の計画	……発展していくことも期待される。	「また」で始まるから、③と並列的な事柄だと思ったが、そうではない。
⑤	本事業の意味づけ	本連携事業は……対応するものと言える	「以上のことから」と始まることからは、結論かと考えられるが、内容を読むと、意味づけているらしい。最後に大きな枠組みに位置づけることによって締めくくっている点は適切だと思われる。

（2） 解答例

表4-5　素材文3-aの表現分析

①（本文で示した解答例は省略） ・「地理的条件（すべてＸ市にある大学である）」とするよりも、括弧の内の具体的な情報を先に挙げたほうが前から途切れずに読めてわかりやすいのではないだろうか。 ・「教育資源を有効に活用することで」の部分は、最後に出てくる「教養教育を展開し」と一続きの、あるいは、それに含まれる活動であるから、「活用して」としたほうが、短くてよいのではないだろうか。「方法」であると強調したいのなら、「活用することによって」のほうがよい。
② ・「〜するのでなく」と、「しないこと」を先に書くのではなく、何をするかを先に述べたほうがいい。 ・「具体的には」で始まる文は、あまり具体的ではない。「目指す人材像に共通に寄与する基本概念」という表現は、理解できない。「人材像に寄与する」とは、どういうことか。「人間の価値と可能性」が、どのように、「人材像」に「寄与」するのか、具体的に述べるべきである。 ・「基本概念として人間の価値と可能性に着目し」というのはよくわからない。「着目」というのは、いくつかある可能性の中から特定のものに絞ることを言うのではないだろうか。「人間の価値と可能性」を基本概念とするというのならば、そう書くべきである。 ・「共同利用することで」は、その後に述べられている動作と一連のものと考えられるなら「共同利用して」、方法として明示するなら「することによって」としたほうがよい。 ・「これまでの枠組みを超えた」というのは、内容が曖昧である。「豊かな教養」という表現も具体性がない。どこがどう豊かになるのか。
③ ・「さらに」で始まるが、この段落は上の内容の単純な続きではない。教育方法の工夫を述べることをはじめに述べたほうがよい。 ・「人間の価値と可能性」を「学習する」というのは、コロケーションとしておかしくはないだろうか。「人間の価値と可能性」は、知識や技能ではないため、「学習」する対象としてとらえることが難しいと感じられる。 ・「地域における実地研修を含め」とあるが、その後の「三大学の学生が共に……場」は実地研修のほかにもあるのか。「地域における実地研修」の内容、および、ほかの活動の内容がよくわからない。したがって、これが「豊かな教養」につながるかどうか、判断できない。 ・「これらの取り組み」というのは、実地研修なのか。ほかにもあるのか。 ・従来の教養科目や専門科目では、「ともに学習しコミュニケートする」ことは行われていなかったのか。三つの大学が連携することの意味が、明示されていない。

④
- 「また」は、並列を示唆するので、よくない。
- この段落は、将来の発展を述べている。そのことをはじめに述べたほうがよい。
- 「期待される」というのは、他人事のようで、企画書としては積極性が乏しい印象を与えて不利ではないか。

⑤
- はじめに、この段落の主題を端的に述べたほうがよい。
- 「文科省の」という表現が突然出てくる印象がある。

(3) 解答例

表 4-6　素材文 3-b に見られる表現の修正例

① 「不要な語を省き、逆に、関係を明示する語を加えた」例
・(素材文 3-a) 一言で述べれば　→　(素材文 3-b) 削除された。
・(素材文 3-a) 視点からの　→　(素材文 3-b) 削除され、別の表現に。
・(素材文 3-a) 「ような」「など」　→　(素材文 3-b) 削除された
・(素材文 3-a) することで　→　(素材文 3-b) することによって

② 「ひとかたまりの情報を頭から途切れずに読み下せるようにした」例
・(素材文 3-a) 地理的好条件（すべて X 市にある大学である）→ (素材文 3-b) すべて、自然に恵まれ歴史ある「X 市」に立地するという好条件

③ 「内容を詳しく説明し、具体的な内容が理解されるようにした」例
・(素材文 3-a) 三大学が育成を目指す人材像に共通に寄与する基本概念として「人間の価値と可能性」に着目し→ (素材文 3-b) 三大学が育成を目指す人材像に共通する特徴を「人間の価値と可能性を追求する市民社会の一員」とし
・(素材文 3-a) 「人間の価値と可能性」について講義で学習する→ (素材文 3-b) 講義を通して「人間の価値と可能性」についての認識を深める
・(素材文 3-a) これまでの枠組みを超えた豊かな教養につながるような科目を構成する　→ (素材文 3-b) これまでの枠組みでは促進が難しかった「多面的な思考」を土台とする教養の涵養に資する科目を構成する。
・(素材文 3-a) 「地域における実地研修」を含め、三大学の学生が共に学習し、コミュニケートする場を設定する→ (素材文 3-b) 三大学の学生が同じ場を共有して意見交換をする場を提供し専門の異なる学生が互いに刺激し合って新たな発想のもとに自主的に活動することを可能にし、自ら人間の尊い価値と豊かな可能性を発見するよう促す。
・(素材文 3-a) これらの取り組みによって、各大学の従来の教養科目や専門科目での学習からは得られない豊かな教養をもった人材を育成する→ (素材文 3-b) こうした取り組みによって、各大学の従来の教養科目や専門科目の中では誘発しにくかった能動的な活動を生じさせ、人間関係構築・維持能力と豊かな教養とを備えた人材を育成する。

④ 「段落など、ひとかたまりの部分の内容を予告するラベルとなる文を付加した」例
・(素材文 3-b：第 2 段落) 本連携事業では、これまでの教養教育の実績を土台に新しい教養科目を提供する
・(素材文 3-b：第 3 段落) さらに、教育方法にも工夫を加える
・(素材文 3-b：第 4 段落) 発展の方向としては
・((素材文 3-b：第 5 段落) 最後に、本連携事業によって三大学が果たそうとしている役割を、文科省による「大学の機能別分化」の枠組みに依拠して述べれば

⑤ 「ひとかたまりの内容の種別を表す表現を付加した」例
・「(素材文 3-b) ……という好条件を背景に」(素材文 3-a では、背景と、教育資源が並置され「活用する」とまとめられていたが、立地条件を「背景」とし、教育資源の活用は事業内容そのものとして組み込まれた)
・(素材文 3-a) 人間の価値と可能性の追求という視点からの教養教育」→「(素材文 3-b) 『人間の価値と可能性の追求』を理念として」

第 5 章

5.1（p.62）

タスク①

構成要素の例：

「研究の目的」、「研究の背景」、「先行研究の概観」「本研究での課題の設定」、「研究の意義（社会への貢献など）」、「論文の構成の予告」

解説

本文中にある**タスク①内省 解説**の通り、論文や研究報告、レポートなどのアカデミックな文章には、一定のパターンがあり、上記の構成要素がこの順で配置されます。このようなアカデミックな文章は、どのような部分（構成要素）から成り立っているかを認識できるようになれば、読む場合には内容把握が行いやすくなり、書く場合には内容の配置を考えやすくなります。つまり、論文などを読む場合も書く場合も、この意識化が役に立ちます。

5.2（pp.63-64）

タスク②

解答例

表 5-1　素材文 1 の構成要素とその適切性についての分析

構成要素	構成要素の有無	適切性の有無	不適切な場合の理由
研究の目的	無	×	「ピア・ラーニングの有効性について研究したい」という希望の表明だけでは、目的を十分に記述したとは言えない。また、重要なキーワードである「ピア・ラーニング」の定義がない。
研究の背景	有	×	第 1 段落に、話し言葉に関する研究に比べて遅れていると書かれており、一方で教材開発が行われている、とある。第 1 段落の各文は、個々の表現の文体的特徴の問題も含め、文相互のつながりが不明で、結果として背景が漠然としている。
先行研究の概観	有	×	先行研究や背景をまとめているものの、文献への具体的な言及がなく客観的ではない。
研究課題の設定	無	×	研究課題は、先行研究の分析に基づいて、その不十分な点への対応として設定されるべきであるが、そうなっていない。課題設定の根拠も明確ではない。A 国人留学生が多く在籍しているという記述だけでは説得力がない。他と比較して多いという事実を示す具体的データも必要である。「日本の留学生」への調査については何も示されていない。
研究の概要	有	×	「ピア・ラーニングの有効性を研究」するというだけでは、何をどう研究するのか不明である。
研究の意義（社会への貢献など）	無	×	A 国人留学生が多く在籍しているという理由だけでは、研究の意義を明確に述べたことにはならない。
論文の構成の予告	有	×	重要なキーワードである「論文スキーマ」の定義がない。アンケートとインタビューの調査対象者とその理由が述べられていない。「総合的に考察する」という表現もあいまいである。

解説

　読者は、序論部に出てくる、その論文のキーワードが理解できなければ、その先の本論を読み続けようという気持ちをなくしてしまいます。キーワードの定義は、必ず行ってください。それを忘れると、読者への配慮に欠けた独りよがりな文章であると評価されます。この文章のように、1文と1文との関係、段落と段落との関係に論理の飛躍があれば、読者にメッセージを正確に伝えることができず、アカデミックなコミュニケーションに失敗する結果となります。

　他にも、アカデミックではない表現（例：「いろんな」「比べたら」「なので」）が入っています。

5.3（pp.65–67）

タスク③

解答例

（1）　第2段落：「現在のB国における社会問題の事例」、第3段落：「当該社会問題への対策の提案」

（2）　解答例

表5-2　素材文2の内容を構成する情報と質と量についての分析

段落	情報の質	情報の量	不適切な場合の理由
第2段落	「目的と構造」の観点からは、この文章において一つの結論にまとめられるメッセージは特定できない。交通事故の問題、環境問題、種の減少やインターネットにかかわる問題などに内容が分散している。	交通事故の問題、環境問題、種の減少やインターネットにかかわる問題など、それぞれ1、2文で多くのトピックの情報を提供している。どれか一つの問題を深く掘り下げて、同じ分量で議論したほうがよい。	多くの読者がよく知る例について網羅的に述べているだけで、議論が一つにまとまらない。
第3段落	第3段落では、前段落における分散したトピックの内容を受け、それぞれについての対策が、あまりにも大ざっぱに述べられていて、現行の状態や今後の展開について不適切な含意が生じてしまう。たとえば、「環境保護に注意」という部分からは、これまで全く注意されていなかったような印象を受ける。	対策を述べるというより、今後のあるべき姿が実現できた後の希望的観測と、前段落で議論しなくても言える常識的主張（末尾文）が述べられている。最終段落にまとめるべき対策についての情報量が不足している。	第1、第2段落の議論を受けて結論をまとめているとは言えない。末尾の文には、根拠のない楽観的予測しか述べられていない。

（3）　解答例

表5-3　素材文2の表現分析

表現の問題箇所	その理由と改善案
・2行目：「それに」 ・6行目：「そんな発展」	・「それに」は話し言葉なので、「また」に変更する。 ・「そんな」は話し言葉なので、「そのような」に変更する。
・下から4行目：「さまざまな安全に注意し」	・「さまざまな安全」だけでは、あいまいである。たとえば、「交通事故防止のために交通法規違反への罰則を重くするなど安全対策を強化し」といった具体的な例が必要である。
・下から4行目：「いろいろと規制したほうが」	・「いろいろと」が話し言葉なので、たとえば、「規則を決めて国と地方自治体によって、その遵守を徹底させたほうが」にする。

5.4 (pp.68-70)

タスク④

（1） 解答例

自己紹介（名前や所属）、依頼の目的、詳細な研究計画と現状の準備状況の報告、連絡方法の提示など

（2） 解答例

構成要素としては、「自己紹介」、「依頼の目的」、「詳細な研究計画」、「現状の準備状況」、「連絡方法の提示」などが必要である。それ以外の季節の挨拶は、一般に未知の人への連絡には不要である。

解説

素材文3-aの文章は、依頼の目的がはじめに書かれていません。そのため、読み手は後半まで読み進めなければ、何の目的で依頼があったか不明なままです。また、大島教授の専門分野に興味があるという記述だけでは、志望動機として不十分で、説得力に欠けます。さらに、大島教授の専門分野が何であるか、この文面からでは不明です。研究計画と準備状況も、明確に書かれていません。

（3） 解答例

表5-4 素材文3-aの表現分析

表現の問題箇所	その理由
・件名：「はじめまして」 ・「桜の4月……」の文 ・「大島教授へ」	・メールの内容を反映した件名になっておらず、受け取った人はメールの主旨が正確に理解できない。 ・季節の挨拶は不要である。 ・この依頼文を受け取る教授の名前は、姓だけでなく名も書くべきである。 ・目上の人の名前の後に「へ」をつけてはいけない。
・「大学院への進学を考える時期になったが」「計画を立てた」 ・「研究生として学び、……修士課程に勉強する予定です」	・文末の普通体と丁寧体が混在している。 ・「研究生」のことも「修士課程」のことも、自分一人では決められないため、「予定です」とは言えない。「修士課程<u>に</u>」は「修士課程<u>で</u>」にする。 ・文末の普通体と丁寧体が混在している。
・「ぜひ教授の下で勉強したいと思っている」 ・「日本語と専門知識を一生懸命に勉強中です」	・「日本語を勉強中」とは言えるが、「専門知識を勉強中」とは言えないため、同じ一つの述語に対して、二つの種類の異なる目的語を用いることはできない。

（4） 解答例

・メールの目的が依頼であることが件名に明確に示されている。
・宛名の先生の氏名が書かれ、その上にその先生の所属先も明記されている。
・季節の挨拶がなく、適切である。
・メールのはじめのほうに、研究生受け入れのお願いという目的が明記されている。
・「これまでの私自身の経歴と今後の研究計画についてご説明いたします」という、次の段落以降の内容を簡潔に説明している。この道しるべがあることによって、読み手は、次の内容の展開をあらかじめ知ることができる。
・研究計画書と履歴書の添付ファイルによる送付は、適切である。
・入学試験の日程も含めて今後の予定が明記されている。
・文末の普通体と丁寧体の混在がない。
・適切に敬語が用いられている。

|解説|

　指導が可能かどうかの検討を依頼する相談を行う場合には、まず、研究テーマがその教員が専門分野とする範囲内であるかどうかが極めて重要です。語学力、勉学や研究への意欲も重要ですが、研究テーマが最も重要なことなので、それについて教員に十分な情報を提供する必要があります。研究計画も具体的であれば、教員は、受け入れが適切かどうか、判断しやすくなり、さらに、指示やアドバイスが出しやすくなります。

　受け入れてほしいという強い気持ちを伝えることは大切ですが、肝心の研究計画が何も立てられていなければ、繰り返し「受け入れていただきたい」と述べても効果はありません。

　なお、素材文3-aの表現面では、「計画を立てた」、「思っている」など、自分の行動を示す動詞の文に普通体が使用されていますが、これは不適切です。メールでの依頼文は手紙文と同じスタイルで書かれるべきです。

5.5（pp.71-72）

タスク⑤

（1）　|解答|　○は（c）

|解説|

　ニューズレターの記事というジャンルの文章では、学会誌ではないので、専門的情報を詳細に述べるより、専門分野の一般的紹介に加えて、研究室文化の紹介や、その研究科内の交流を深めることに重点を置くべきであると言えます。

（2）　|解答例|

表5-5　素材文4-aと4-bとの比較分析

改善された箇所	改善されたと判断した理由
・素材文4-aでは、段落が1つだけであるが、素材文4-bでは、段落を4つに分けている。	・異なる内容を一つの段落に入れることは適切ではないため、段落を分けたほうがよいと判断された。
・専門分野と人工知能についての説明が簡潔になっており、第3段落で、研究の目的に焦点をあて、「みなさんは……と思われませんか」という文を入れて、読者への働きかけを行っている。	・専門分野の詳細を長く述べるより、情報を厳選し、第3段落において、専門外の人にもよりわかりやすく説明するほうが、文章全体の構造が明快になる。
・「企業に就職して専門の知識と技能を生かすことが夢です。」として、「つもりです」を「夢です」に変更している。	・素材文4-aにある、「日本の企業に就職して専門の知識と技能を生かすつもりです。」という文では下線のように強い意志として示す内容ではなく、就職の可否が不確定な将来について言及するものであるため、不適切である。素材文4-bでは、「〜が夢です」となっており、改善された。
・第4段落において、具体的に読者に対して情報交換の機会の提案を行っている。	・専門分野のテーマだけでなく、個人的な興味関心の領域についても言及することにより、読者との交流への意志を積極的に示し、交流の可能性を広げることができる。
・文字数が471字から550字に増えた。	・記事の字数が600字以内と指定されていることから、より適切な分量になった。

第6章

6.1（pp.76-77）

タスク①

（1） 解答例

- 素材文 1-a のセクションのタイトルは「自己モニター能力の向上」となっており、結論は「自己のモニター能力の向上<u>も</u>期待できる」と結ばれていて、他に重要な要素があるように思われる。タイトルが、結論に至るまでの各文とどう論理的に結びつくのかが不明である。
- 本文の 2 行目にある「そして」が、前文とどう関連づけられているかわかりにくい。第 1 文では、書き手が調査結果について分析しており、一方、次の文では、第 1 文との関係が明確ではない「作文協働添削」に期待する効果を教師が指摘した、と書かれている。「そして」だけでは、この両者の文がどのような論理的関係にあるのかが、はっきりしない。さらに第 3 文は「学習者へのアンケート調査」に言及されており、こちらも、前文との論理的関係が不明である。
- インタビュー調査とアンケート調査という表現が用いられているが、4 行目の「教師の指摘」がどちらによるものかが判然としない。また、教師の指摘は 1 名のものなのか、多くの教師のものなのかが不明である。したがって、それが、「批判的に文章を読む能力が養成され」との知見を抽出するために十分な根拠であるかが不明である。
- 「現状に役立つ」は論理的につながらない。「現状の改善に役立つ」とすべきである。

解説

　素材文 1-a の文章は、1 段落のみですが、特に、文章の構造化、文同士の論理展開に問題があります。文同士の関係が、たとえば、主張と例示なのか、原因と結果なのか、結論と補足なのかなど、文章に明確に示されていなければなりません。思いつくままに書いていくと、素材文 1-a のように論理がよくわからない文章になってしまいます。常に論理の一貫性を考えて、文章の構造化について意識を持ち続ける必要があります。

（2） 解答例

- 段落構成が修正され、3 段落となっている。第 1 段落には、調査 1 から判明した学習者の問題を第 2 段落への背景として説明している。第 2 段落では、調査 2 と調査 3 から判明した、「作文協働添削」の効果について論じている。「　」付きになって、キーワードであることが明示された。第 3 段落では、上記 2 段落の議論を受けて考察をまとめている。
- それぞれの段落内においても、調査協力者の人数や割合を具体的に示すことによって、より客観的で具体的に議論が進められ、そのことによって、論理展開の適切性も増した。
- 「～した結果」や「つまり」を活用することによって、ある情報と別の情報との論理関係が明示された。

6.2（pp.78-80）

タスク②

（1） 解答例

表 6-1　五つのタイトル案の分析

タイトル記号	適切か不適切か	判断の根拠
（ア）	×	・どの言語による若者ことばか明記すべきである。 ・「若者ことば」の対象範囲があいまいである。 ・「～をめぐる一考察」や「～から」だけでとどまるタイトルは、具体的にどのよう

		な内容を扱っているかが全く不明であるため、内容を明示するタイトルに変更する必要がある。
（イ）	×	・「災害」も「事故」も、それぞれ、どのような事態を指しているかを明示する必要がある。 ・タイトルには「原発」のような短縮形ではなく、正式名称を選び、厳密に用いるべきである。
（ウ）	×	・「欧米諸国の女性の地位向上のための法律の影響」という詳しい記述と、「日本の実態」というあいまいな記述が、並列されており、全体として何を論じるのか不明である。
（エ）	×	・「と」で結ばれる両者の何について述べるのか不明である。
（オ）	×	・「の」が続きすぎると、相互の名詞の関係がわかりにくくなる。 ・「大卒者」という短縮形は不適切である。 ・「〜から」だけでは、文章の目的が不明である。

解説
　いずれのタイトルにも不備があります。キーワードと考えられる用語を、厳密に規定していなかったり、二つの表現の併記によって何を示そうとしているのかがわからなかったり、さらには、用語の短縮形、省略形を用いているために、くだけた文体になっていたりと、いずれもレポートの内容をアピールすることができないものとなっています。

（2）　解答例
　この目次案では、最初に日本の場合、次にＸ国の場合を示し、比較しようとしていると考えられる。しかし、雇用状況について示されている日本とＸ国の内容が、対応していない。日本の場合には、「若者の就職事情」と「政府による介入」がなく、一方、Ｘ国の場合には、「失業率上昇の原因」がない。2章と3章の副題も、それぞれ「場合」と「事例」で統一されていない。第4章は「比較考察」と書かれているが、両者のどの観点からどのように比較するかが不明である。構造が整っていないのは情報の整理が不十分であることに起因しているが、表現を厳密に用いていないことも、その問題を深刻にしている。

（3）　解答例
　この目次案は、具体性がなく、全体構造も、また、目次の各分類も適切ではない。情報が不足しているために、目次の各部分の概念が厳密に示されていないと言える。具体的には以下の通りである。

・「本研究の目的と概要」という2章があるにもかかわらず、その下位の2.1から2.3には、「目的」という重要な表現がどこにも使われていないため、この章のどの節を見れば「目的」があるのかが不明である。

・「先行研究」に関わる3章と4章は配置が不適切である。章を分けるより、先行研究を概観した上で、問題点を明らかにし、本研究の位置づけを明確にする必要がある。その意味で、第2章の「本研究の位置づけ」が、「先行研究」より先に出されているところも、再考したほうがよい。

・6章の「考察」と7章の「総合的考察」は、どのように異なるか、これだけでは記述内容が想定しにくい。副題を入れるか、6章と7章の違いが明確にわかるように情報を加える必要がある。

・謝辞は、原著論文や報告では、文章の最後で、参考文献に入る前に入れるのが一般的であり、一方、修士論文や博士論文では、最後に入れる場合も、論文の本文より前に入れる場合もある。どのような論文に入れる謝辞かによって、その場所が異なる。

6.3 (pp.81-88)

タスク③

（1） 解答例

素材文2-aの研究計画書では、以下のような情報の不足や不備、論理展開の飛躍などの問題があるため、依頼を受けた教員は添削しようという気になれないであろう。

- 研究計画の全体像として、どのような目的と背景によってどのような計画があるかを、文章の冒頭に示す必要がある。
- この研究の意義や、実施する必要性がどこにあるかが示されていない。第1段落には、日本語学習者の増加や日系企業への就職希望者の現状が背景として示されていると考えられるが、「そのため」としてすぐに本研究の必要性に言及するのは拙速である。
- 教員10人、およびA国出身の大学生への調査が何のために行われるのか、この段落に書かれておらず、調査方法のみが書かれているため、調査の意図や目的がわからない。
- 最終段落に「日本語の教育や学習支援、そして日本留学の意義、日本語学習と就職との関係について明らかにし、日本語を通じたA国と日本との交流への貢献をしたい」と書かれているが、それぞれの項目について明らかにすることが、交流への貢献にどう結びつくか、具体性に乏しい。両国の交流への貢献というのは、抽象的で、論理的にも飛躍した表現であり、研究計画書の内容として適切ではない。

解説

教員は、研究の目的や意義をまず知りたいと思うはずです。相手が知りたいと思う情報を先に冒頭に述べておく必要がありますが、冒頭から、研究の背景だけで3分の1ほども占めてしまっているのは、冗長だと言わざるを得ません。また、研究計画書には不要な情報や厳密ではない情報が多く書かれていますので、依頼を行った学生は、研究遂行の適性に欠ける可能性が高いと思われます。

（2） 解答例

素材文2-bの文章では、素材文2-aに比べて、目的が明確化され、文章が構造化されている。調査の内容が2種類の協力者別に構成されることが、早い段階で示されている。また、第1段落の背景を多く書きすぎることなく、簡潔にまとめている。それを受けて、本論の中心的な内容となる調査分析の具体的な内容と計画に、多く説明を費やしている。そのため、全体的な分量のバランスも、素材文2-aに比べて適切であると言える。

タスク④

（1） 解答例

- 素材文3-aの研究報告書には、文章の構造化が不十分であり、前半の段落には、時系列に沿って多様な内容を盛り込みすぎて、漠然としている。そもそも研究自体を報告する部分が少なく、「授業の教授や博士後期課程の先輩からさまざまなことを教えていただいて」や「自分でもよく考えた結果」など、研究報告に適さない記述が見られる。
- 研究テーマ変更に言及するのは問題ないものの、その経緯の記述だけでこの報告書の半分を占め、本来必要なはずの、文献講読や今後の計画に関する具体的な記述が、少なすぎる。たとえば、最終段落にある「X語話者の日本語学習者を対象として」という記述では、なぜそのような対象を選んだかの理由や背景が不明なまま記述が終わっている。
- 以上のように、研究内容を報告するためには、まず、研究の目的とその意義を明確にし、背景として、関係の先行研究をどの程度読み込んでいるか、さらには、どのような対象や協力者を得て、どのようなアプローチで研究してきたか、といった具体的な説明を丁寧に行う必要がある。それが研究の途中段階であれば、その旨、明記しておけばよい。

解説

このように、文章を明確に構造化せず、単に時系列に沿って情報を並べると、論理のつながらない文章を書いてしまいかねません。文章の目的に合った構成とするよう、常に意識化しておかなければ、論理のつながりを見失うおそれがあり、結果として読者にメッセージが十分に伝わらなくなります。

（2）解答例

素材文3-bの文章では、素材文3-aに比べて、文章が構造化され、この報告を構成する各構成要素の配置や分量が適切になっている。つまり、大学院生自身の授業の履修状況も含めた研究生活の報告、テーマの絞り込みの段階で講読している文献に関する記述、研究の意義が認められる具体的な調査対象や、それに対する方法論、現在の準備状況が含まれている。

タスク⑤ (pp.86-88)

（1）解答例

表6-2　素材文4-aの各文における機能の分析

文番号	機能
①	先行研究の概要を示している。
②	先行研究のうち、実践報告を取り上げ、観察可能な内容をまとめている。
③	先行研究の不足を示している。
④	前段落を受けて、調査の必要性を述べている。

（2）解答例

各文における記述内容が厳密ではなく、文相互の関係も明確ではないため、全体的に漠然としている。以下に具体的に示す。

・①で教師への「意識調査」が、単に「不十分」と書かれているだけなので、調査協力者が少ないのか、意識調査の質が十分ではないのかがあいまいである。
・教育実践の経験のある教師への意識調査が実際に存在しているかどうかが、不明である。
・③では、この活動を知らない教師がどのような意識を持っているかはまだ調査されていない旨、言及がある。③を受けて④では、教師の意識を調査することも必要、という結論を導いている。④の「教師」とは、この活動を知らない教師のことだろうと思われる。しかし、そのことが明示されていないので、あいまいである。
・最後の文「教師側の意識を調査することも必要である」になぜ「も」が必要か、明らかではない。

（3）略

（4）解答例

表6-3　素材文4-bにおける修正点の分析

観点	コメント
内容の妥当性	素材文3-aと比べて、先行研究も引用され、内容の記述が具体的になり、全体的にわかりやすさが増した。たとえば、「教師側への意識調査」については、量的に不十分であることが示されている。同時に、学習者を対象とした、すでに存在している調査結果から、「相互作用活動」を「評価しない教師も存在している」と推測している。意識調査の不足については第2段落にさらに詳細に述べられている。
文相互の関係性	素材文4-aと比べて、文相互の関係が明確になった。たとえば、「相互作用活動を用いた教育実践経験がなく、その活動を知らない教師」の意識について、「一方的な講義形式のみで授業を行っている教師」の場合の問題にも言及しており、それを受けて、第3段落において、そ

	ういった「知識注入型」ではない指導の可能性について、先行研究も引用しながら、新たな教育の展開を示唆し、調査の意義を記述している。
表現の厳密性	・素材文4-aでは、教師側の意識を調査する必要性のみが漠然と示されていたが、素材文4-bでは、第3段落に具体的な調査の概要が示され、この研究で何を行うのかという核心的な内容の記述がある。また、素材文4-aでは、「どのような意識を持っているか<u>どうか</u>」（下線部は不要）のような不適切な表現も含まれる。 ・第3段落の「この活動」は、「相互作用活動」としたほうが、より厳密である。
その他	・冒頭の「先行研究において」は、その後に引用がされていて必須とは言えないため、省略してもよい。 ・第3段落の冒頭の「教師の新たな役割が求められる」の後に、「そのため、教師の負担が増す可能性がある」などのように、「相互作用活動」の有効性以外の側面も明示しておくと、よりわかりやすい。

6.4（pp.89-91）

タスク⑥

（1）　解答例

表6-4　素材文5-aの論理展開に関する分析

番号	構成要素	論理展開の適否
①	(a)	・①から④までは、前段落までのまとめを受けて提案を行っており、論理的に特に問題は見られない。
②	(b)	
③	(b)	・④までと⑤の論理展開に大きな問題がある。④の文は、この文章が最終段落の結論を示す段落である。しかし、続く⑤では、逆接の「しかし」によって、論理が逆転している。つまり、④に集約された結論が否定されてしまっている。
④	(c)	
⑤	(d)	

解説

　序論、本論、結論のいずれのセクションにおいても、そこにふさわしい議論が行われなければなりません。その議論は、内容の分類によって適切な段落に構造化され、その構造化を反映した段落を配置する必要があります。この文章は最終段落で結論を導くものですから、結論はそれまでの議論の結果、必然的な帰結が示される必要があります。しかし、最後の文が「しかし」で始まると、結論自体がひっくり返ってしまいます。この文が、それまでの議論への反論ではなく、「補足」であれば、そのことを示す別の接続表現（例：なお、ただし）を使わなければなりません。「補足」と「逆接」の区別は、明確にしておく必要があります。

（2）　解答　ウ

（3）　解答例

　素材文5-bと素材文5-cとを比べると、5-bは5-aの最後の「しかし」を「ただし」に変更することによって、前文で示した結論への反論ではなく、「補足」情報を追加したことが明らかになっているが、一度示された結論に、最後に修正を加えるのは、すっきりとした展開とは言えない。一方、素材文5-cは、④の文の中に「〜ものの」という表現を活用して、補足の内容を取り込んでいる。そのため、結論が、最後の「外国からの労働者の受入れ整備を早急に行う必要がある」という文に明確に集約されている。素材文5-cのほうが、より適切な結論の示し方であると言える。

第7章

7.1（pp.94-98）

タスク①

（1） 略

解説

　素材文1には、圧倒的に、感情を直接表現したり経験について主観的に伝えたりしている文が多く、一方、素材文2は、事実の記述が多く、感情面の事柄を述べるにしても、その背景となっている事実が述べられていることに気づくでしょう。また、素材文2には、これから述べる話についてまとめたり予告したりする、文章進行の整理をする文が含まれていますが、素材文1にはありません。

（2） 解答例

表7-1　素材文1と2の文章における情報の違い

	素材文1：体験記	素材文2：研修報告書	違い
④英語コースの内容の記述	コース名と主な課題について記述がある。	コース設定の方法、選択コースの名前と主な課題、活動の実態、クラス構成が記述されている。	素材文2ではコースの全体像と筆者が受けたコースの内容がわかるが、素材文1では二つのコースを受講したことはわかるが、情報が断片的でコースの全体像がわからない。
⑤指導の特徴の記述	影響を受けた助言の内容とそれが感情に与えた影響が書かれている。	準備の活動や、辞書やネットの利用法など、授業に関連して行った事実を具体的に述べている。影響を受けた助言とそれが行動に与えた影響が述べられている。	素材文2のほうが具体的に活動内容が記されていて情報量が多い。同じ指導に言及されているが、素材文1は感情面への、素材文2は行動面への影響を述べている。
⑥英語以外の活動の記述	史跡見学や学生交流について記述	名所、遺跡、建築物、博物館の見学、学生交流プログラム、ホームビジットの記述	素材文1は活動に対して感じたことが、素材文2では活動の意義についての判断が述べられている。
⑦自分の進歩や変化	英語の授業では、やればできると自信をつけることができたこと、見学、学生交流などを通して、感動したことに意義を感じたと述べている。	上記の見学、交流によって自分の英語力がどのように向上したかを自己観察している。	素材文1は直感的記述であるのに対して、素材文2は自分を客観的に分析して進歩と変化を述べている。
⑧素材文1だけ、または、素材文2だけにある情報	授業や見学について主観的な印象を述べている	研修期間、授業容に関する数値や内容の客観的な記述がある。	素材文1は主観的、感覚的であるのに対して素材文2は客観的な情報を述べている。
⑨しめくくりの内容	主観的な感動に基づいた他者へのメッセージ	研修後の自分の生き方に言及している。	素材文1は心境を述べているのに対して、素材文2は将来への態度を表明している。

（3） 解答例

（ア）　素材文1：20XX年にイギリスA市で3週間の短期語学研修を終えて帰って来たとき、私にとってA市は、心の故郷と呼びたい町になっていました。研修を終えて3カ月経った今でも、この思いは同じです。

　　　素材文2：20XX年7月20日～8月10日までの3週間にわたり、イギリスのA市にあるB大学での英語短期研修に参加した。以下に、英語コース受講状況と、それ以外の時間に行った活動（エク

スカーション、ロンドン見学、ホームビジット、学生交流など）について報告し、研修成果を述べる。

（イ）　素材文1：oral presentation の授業では、日本の文化と自分の専門分野とについて英語でのプレゼンテーションをしなければなりませんでした。academic writing の授業では、専門的な内容について学術的な文章を書くことが課されました。多くの課題が日々出されるので、確かに苦しいこともありましたが、他人と比較するのではなく、自分の中で成長しなさいと言われたので、英語に自信がなかった私でも、やればできると自信をつけることができました。

　　　素材文2：私は、oral presentation と academic writing を受講した。前者が9時～10時半、後者は11時～12時30分までで、各15回である。クラス定員は10名で、日本人が私を含め3名、他は東南アジアやアフリカからの学生であった。oral presentation では、各人が自分の国の文化の紹介と自分の専門分野の説明を行うことが求められた。準備として、ネットで多くの資料を集めて読んだり、原稿を書いて先生やクラスメートに見てもらったりした。準備には相当時間もかかった上、難しい問題もいろいろあったが、この準備のおかげで、人前で話す練習だけでなく、読んだり会話したりする練習ができた。academic writing では、専門的な事柄について説明したり根拠に基づいて意見を述べたりすることが課された。難しかったが、書くときに辞書やネットの情報をどう利用するかが次第にわかってきて、徐々に自信がついた。人と比べるのではなく、自分が進歩したかどうかに注意するように繰り返し言われたことも、落ち着いて執筆に集中するのに大変役立った。

（ウ）　素材文1：充実していたのは英語の授業だけではありません。ローマ時代の遺跡や伝統的な建築を見学したりしました。B大学の学生との交流を通して、異文化の人々が集まっているイギリス社会、そこに生きる人々の活力を感じ、ただただ感動しました。英語を使って対話する嬉しさ、伝わらないもどかしさ、そこから生まれてくる努力、学び……あんなにも一瞬一瞬を大切なものだと感じていた日々は他にはありません。現地の人々の快活さ、歴史を感じさせる街並みの美しさ、そこにしかない空気感も、実際に行ってみて、肌で感じたことがいかに大きな意味を持っていたのか、今はわかります。

　　　素材文2：英語コースを受講したほかに、午後の時間と週末に、名所、遺跡、英国の伝統的建築の見学などを行った。大英博物館も訪れたときにガイドの英語がかなり聞き取れたことで、進歩を感じた。B大学の学生との交流プログラムやホームビジットでは、現地に暮らす人々と話すことができた。私のイメージしていた「イギリス人」よりも旧英国連邦出身の人のほうが多く、イギリスが多民族社会であることを実感した。

（4）　解答例

　素材文1には、「そんな私」「あんなにも」など、筆者個人の視点に読者を同調させようとするような「指示語」が使用されており、倒置（1段落）、名詞句の並列（4段落）など、文法的にはやや破格的な構造も用いられている。これらは、感情のうねりを直接反映し、読者に筆者の感動を疑似体験させるような効果を上げている。一方、素材文2は、事実を客観的に説明し、その結果として自分の内面的変化を述べている。自分の気持ちへの言及はあるが、直接的に感情を表出するのではなく、自分の気持を一つの観察対象として述べている。つまり、素材文1は共感させるための文体、素材文2は理解させるための文体を選択していると言えるだろう。

（5）　解答例

　素材文1を報告書として提出すれば、主観的すぎて不適切と判断されるであろう。活動内容など事実の経緯と根拠に基づいた成果の記述が不足しているため、読み手には、学習活動の内容と成果とを把握することができない。感情に関しては多く述べられていて、筆者がよい経験をしたと思っていることはわかるが、その感情が生み出した背景を理解するための手がかりは十分に与えられていない。

一方、素材文2がニューズレターの記事であったら、心情に訴える力が不足していて、魅力がないと思われる恐れがある。ただし、自分も研修に参加すべきかどうか判断したいというような具体的興味を持って読む読者や、抑制した表現を好む読者からは支持されるかもしれない。

(6) 略

7.2 (pp.99-107)

タスク②

(1) 解答例

表7-2 素材文3-aと3-bの各文章における表現の違い

素材文3-a	素材文3-b
①しかし、人間に関する研究においては、対象のジェンダーを見ていく視点が必要です。	しかし、人間に関する研究においては、対象を性別、すなわち「ジェンダー」で、分けて見てみることが重要です。
②男性と女性とでは社会的文化的な位置づけや役割が異なり、それにより男女の生活や健康は影響を受けているからです。	男性と女性では社会的文化的な位置づけや役割が異なっていることが多く、生活や健康の状態にもそれが大きく影響しているため、ジェンダーの視点を取り入れてデータを見てみると、しばしば、両者を合わせて見たときには見えなかった事実が明らかになるからです。
③UNDP（人間開発計画）が開発した人間開発指数（HDI：Human Development Index）があります。	国連の「人間開発計画」という組織が開発した、「人間開発指数」があります。
④2005年の米ドル建て購買力平価（PPP）に換算した1人当たりの国民総所得（GNI）	1人当たりの国民総所得
⑤GDPが世界第3位の日本では、男女とも約96％が高校進学をし、約6割の男性、約4割の女性が大学進学をし、栄養、衛生、治安面においても高い水準を保ち、平均余命も女性86.44歳、男性79.59歳と、長寿です。したがって、日本の人間の開発度は世界的に極めて高いのです。	国内総生産が世界第3位の日本は、187の国・地域の中で12位（2011年）です。男女とも約96％が高校に進学し、約6割の男性と約4割の女性が大学に進学し、栄養、衛生、治安面においても高い水準を保ち、平均余命も女性86.44歳、男性79.59歳と大変長い日本の人間開発度は、世界的に見て極めて高いと言えます。
⑥世界経済フォーラムが開発したジェンダー格差指数（GGI：Gender Gap Index）では、日本は135ヵ国中98位（2011年）と、大きくランクが下がります。	スイスに本部を置く非営利財団「世界経済フォーラム」が開発した「ジェンダー格差指数」によると、日本のジェンダー格差指数は、下の表1に示したようになっています。（中略）この指数で見た日本のランクは135ヵ国中98位（2011年）です。日本の女性の開発度は「12位」ではなさそうです。
⑦社会的文化的に違った扱いを受けている男女別に見ていく視点は不可欠だと言えます。	ジェンダーという、人間の社会的文化的な扱いに大きな影響を与える要素を考慮に入れなければ、実態を把握することが困難になるからです。

解説

素材文3-aと素材文3-bには細かい違いがたくさんありますが、特に注目すべきであると思われるのは、次のような点だと言えます。

②と⑦：素材文3-bは、主張の根拠の説明が明確に書かれています。ジェンダーの意義について、素材文3-aの一段落目の末尾のように「影響を受けている」という表現では全体像が描きにくいのに対して、素材文3-bでは、両者を合わせて見たときにはそれまで見えなかった事実が明らかになる、と述べられていて、「ジェンダー」の視点から見る意義が明確に書かれています。⑦についても同様に、素材文3-aは「（ジェンダーという視点が）不可欠だ」で終わっていますが、素材文3-bでは、「（ジェンダーという視点がなければ）実態を把握することが困難である」と具体的に述べられています。

③、④、⑤、⑥：素材文3-aと素材文3-bでは、略語の使用法とその説明の程度が違います。素材文

3-a では、UNDP, HDI, PPP, HDI, GDP, GGI など、初心者にはかなり負担のかかりそうな頭字語が多く使われています。GNI の定義にも、この時点で必要ではないと思われるほどの非常に詳細な詳しい説明が与えられています。素材文 3-b では、頭字語が示す内容は日本語で示され、詳しい定義は省かれていて、細部の理解に注意を取られることなく、大筋の理解に集中することができます。

　①、②、③、④、⑥：概念や名前の導入の方法が違います。たとえば、素材文 3-a では、「UNDP」「世界経済フォーラム」など、一般的にあまりなじみのない組織名が説明抜きで使われていますが、素材文 3-b では、「国連」のように誰もが知っている組織以外は説明が与えられています。これは、「ジェンダー」という概念の導入部分についてもあてはまります。

　最後に、最も目につく大きな違いは、素材文 3-a では長い記述で示されていた日本のジェンダー格差指数が、素材文 3-b では表にまとめられ、格段にわかりやすくなっています。

（２）　解答例

　素材文 3-b のほうがよい。ジェンダーという概念の重要性を理解する上で必要な情報が適切に選択されているからである。具体的には、当面の目的に不要な詳細情報が省かれている一方、なじみがないと思われる用語を導入する際には説明がなされている。細部の情報処理に負担がかからないため、「ジェンダーの重要性」いう主眼となる事実を理解することに集中しやすい。

解説

　学会誌のような学術雑誌に投稿する場合は、素材文 3-a で用いられているような厳密な用語の定義が必要とされることに注意してください。

タスク③ （pp.103-107）

（１）　略

（２）　解答例

（ア）「近年、日本では海外へ渡航する若者が減少する傾向にある。ABC の調査によると、20 代を中心とする若年層海外渡航者は 1998 年から 2008 年までに 37％に減少している。」
　　　ボルタさんは、新田さんと古田さんの提案によって、情報源を調べて明らかにしており、伝聞ではなく確定の文末表現にしている。さらに、「若者」を「20 代を中心とする若年層」と明記している。

（イ）「近年、日本では海外へ渡航する若者が減少する傾向にある。ABC の調査によると、20 代を中心とする若年層海外渡航者は 1998 年から 2008 年までに 37％に減少している」
　　　臨時一語「若年層海外渡航者」を使用している。

（ウ）「その中で海外留学は 2004 年から 2008 年にかけて 18.9％に激減した（ABC at a glance, 2009）」
　　　上記の（ア）と同様に、情報源を確認した上で、引用元を明記しており、数値も正確に記述している。

（エ）「政府および各種業界組織は、この現象を憂えて減少を阻止するためのキャンペーンや海外留学促進策を実施している。」
　　　「この現象を憂えて」を挿入することで、政府および業界組織がキャンペーンを行う意義を説明している。

（オ）「それらの施策は海外渡航減少要因の分析に基づいて慎重に考案されたものではないため、安全性への配慮を欠く場合や若年層の意欲向上に結びつかない場合があると報告されている（山田 2009）。」
　　　先行研究で言及されていることは引用し、引用文献を明示している。

（カ）「この若年層の海外渡航の中で特に海外留学に焦点を当て、その減少の原因を分析し、それに基づいて海外渡航促進策考案のための必要条件の考察と具体策の提案を行う。」
　　　「拙速に」「打ち出す」「挙句の果て」などの主観的、情緒的な表現を削除して、相手に問いかける

記述法を削除している。
(キ)「本稿ではその実態を調査することで、検証作業を行う。この調査を通じて、拙速な施策に対する異議を唱え、海外渡航の支援に関する施策を構想する際に見落としがちな論点を浮き彫りにする。」を「若年層の海外渡航の中で特に海外留学に焦点を当て、その減少の原因を分析し、それに基づいて海外渡航促進策考案のための必要条件の考察と具体策の提案を行う」とした。

何が問題なのかを明示し、次に問題の解決方法を述べ、具体策の提案を最後に述べるべきという先輩の提案に従って修正している。

解説

率直な評価をしてくれる知人・友人は、何よりの財産です。役に立つコメントをもらうためには、厳しいことを言われても悲観したり怒ったりしないことが最も大切です。そのためには、最後に新田さんが言っているように、「コメントできるのは、ある程度のレベルに達しているからである」ということを覚えておくことが大切です。一般に、言っても改善する力がないと思われる人に対して、嫌われる危険を冒してまで厳しいことを言う人はいません。厳しいコメントは、期待されている証拠だということを忘れないでください。

第8章

8.1 (pp.112-122)

タスク①

解答

(a)(目的・方法・結果・考察)(順序) (b)(関連)(十分)(厳密) (c)(ねじれ)(不足) (d)(学術的論述)(語彙)(文末表現)

解説

「文にねじれがある」という表現は、文章を批評するときに頻繁に使われます。「ねじれ」というのは「不整合」のことです。主語と述語が呼応していなかったり、主節と従属節のつながり方が不自然であったり、被修飾語につながっていかない修飾句があるなど、文の構造上の不整合があることを指摘するときに、「ねじれがある」「ねじれている」という表現が用いられます。

タスク② (1)(2)(3)(4)略

解説

「自分が勉強したいのは、批評の方法ではなく、書くことなのだ！」と思っている人もあるかもしれませんが、批評する力がつくと書く力も伸びます。一人前の研究者や職業人として活躍するには、自分の書いたものを他者の目で見て批評し修正する力（＝推敲する力）を持つことが必須条件ですが、自分の書いた文を他者の目で見るというのは難しいことですから、まず、他者が書いた文の問題点を具体的に記述する作業によって批評する力を養ってください。

(5) 略

解説

修正された素材文1-bは、DVについての一般的な説明が最小限に抑えられ、目的、方法、結果が明瞭に記述されています。不明瞭だった提案の内容も、わかりやすくなりました。

タスク③（pp.117-118）
（1）|解答例|
　よい点としては、字数制限が守られていることが挙げられる（e）。
　全体構成については、目的、方法、結果、考察にあたる部分が少なくとも存在し、要旨としての体を成している（a）。目的に関して、生きがいの対象における男女差を調べるということは述べられている。しかし、なぜ男女差に着目するのかは述べられていない。「生きがい支援について検討する」というのも、何をどう検討するのか、不明である（b, c）。方法に関して、文献研究であることは述べられているが、いつ頃発表されたのか、量はどのくらいかなど、具体的な中身は一切不明であるため、妥当性があるとは判断できず、妥当性に欠ける方法だったのではないかという疑いが生じる。結果は、書いてあるが、表現はわかりにくい（c）。考察の中に、「男女共通に社会参加を促す（だけでなく）」という部分があり、社会参加を促すことが生きがい支援として当然の事柄であるように扱われているが、読者にとっては初出の事柄で、前提として扱われていることに戸惑う（b）。
　次に、「表現」「文体」の問題としては、かみ合っていない部分がある。たとえば、「高齢者の生きがいが関心を集めている」とあるが、「生きがい」が「関心を集める」というのは、整合しない。「生きがいに関する問題が関心を集める」などとすべきである。「生きがいの対象は趣味と家族を基調に（する）」という部分も、言葉の組み合わせに整合性がなく、述べられている意味がよくわからない（b, c）。
　また、言葉が足りず曖昧になっているところや、読者にとってなじみの薄い言葉が説明抜きに用いられていることも、問題である。「（男性では自己の内部、女性では他者との関係に）向けられており」では、主語がよくわからない。「生きがいの対象」が主語であるようにも感じられるが、「対象が」「自己の内部……に」「向けられる」というのは、論理的に成り立たないため、意味がつかめない（b, c）。「生きがい事業」ということばは、「公共事業」「福祉事業」などとは違い、読者の多くにとって初めて耳にするものだと考えられる。その後に続く、「ニーズとの乖離も考えられる」という部分も説明が不足していて意味がつかめない。このことは、現状の問題点として提示されていて、研究の意義を伝える重要な部分であると思われるが、漠然としていて、研究の妥当性を明示することに失敗している（b, c）。「生ずることが考えられた」という部分は、存在が推測されたのか、可能性が想定されたのか、不明瞭である（b, c）。
|解説|
　多くの指摘が、b.（内容）とc.（表現）の両方に関わっています。「表現がよくない」という問題は、多くの場合、表現したいことは何かを十分に追及していないところから生じています。中心点を言い当てる表現は、それほど簡単に見つからないものです。伝えるべき内容に最大限近接する言葉を見つけるには、努力が必要です。
（2）（3）略

タスク④（pp.119-121）
（1）|解答例|
(a) 全体構成に関する条件は、十分に満たされていない。背景、研究方法、結果は書かれているが、それについて意義づけを行う考察が十分に述べられていない。
(b) 内容についての条件も、満たされていない。「背景」の記述は長いが、なぜこの調査が必要なのかの問題提起に結びついていない。「アイデンティティ形成期である」と述べられているが、そのためにストレスが高いと言おうとしているのか、それとも別のことを主張するためなのか、意義がわからない。「目的」の記述の前半は明確であるが、後半の「ストレスに対するソーシャルサポートの関係」の意味は、よく分らない上、なぜそれを調査する必要があるかも述べられていない。「方法」については、調査を行ったことは書かれているが、方法には触れられていない。調査対象が、「ストレッサー」に関す

る調査とソーシャルサポートについての調査とが同じ対象に行われたのか別々に行われたのかも不明である。また、結果はあるが、考察が述べられていない。
(c) 表現についての条件も、満たされていない。たとえば、「3クラスとし」は、何を何にしたのか、わからない。「記入率が悪い」は「記入率が低い」とすべきである。「物理的サポートとしての役割」という部分は、「として」によって「サポート」と「役割」とを等値と扱っており、非論理的である。「物理的サポートを与える役割」とすべきある
(d) 文体についての条件は、満たされている。
(e) 書式についての条件は、満たされていない。字数制限を大幅に上回っている。リバイズにあたっては、必要性の低い部分を大胆に削って、表現を簡潔かつ明確にし、目的の意義を明示し、結果から示唆される意義を付け加えることが必要である。
(2)(3) 略

解説

字数制限の中で十分な内容を述べるのは難しいものです。重要事項を精選するとともに、表現の上でも、短くする工夫が求められます。短くするためには、繰り返しを最小限にすること、同じ概念に二度目に言及するときに「臨時一語」と呼ばれる、その文脈の中で定義を明確にして用いる簡略化された漢字熟語を用いることなどが有効です。

タスク⑤ (p.122)
(1)(2)(3) 略

解説

できれば、このタスクは、複数の論文について行い、先輩や友人に見てもらってください。すでに自分の研究を行って発表した経験がある人や発表する予定がある人は、自分の研究の要旨を書いてみてください。それから、難しかったこと、できなかったことを、率直に、しかも、なるべく詳しく、書き出してください。課題を明確に認識することが進歩の原動力になります。後で進歩を実感するためにも必要です。今の気持ちも、書きとめておいてください。研究には、「感情面の制御能力」も重要な要素です。自分がどう感じて、どのように対処していくか、それを「他人」として観察することは、研究のための体力をつけるために大変有効です。

8.2 (pp.123-126)

タスク⑥
(1) 解答例
・構成について
　4段落構成となっているが、第1段落は第2段落の簡単な背景であって、段落を分けるほどではなく、第1、第2段落は一つにまとめたほうがよい。また、「先進国になって久しいが」という表現は、論理展開上の情報として必須とは考えられないため、削除したほうがよい。さらに、第3段落は、「このことから」で始まっているが、前段落のどこを受けているか明確ではないため、むしろ、第2段落に続けてもよいと考えられる。
・内容について
　「D国は最も理想的な比較対象である」と書かれているが、その根拠が明記されていない。また、第2段落においても、D国との比較を行う理由をより具体的に書いたほうがよい。
・表現について
　C国をD国と比較することの根拠やメリットは、データがあるといった具体的な理由がなければ、

「理想的な比較対象」などと断定することはできない。また、「強く期待できる」は、あえて副詞を入れて強調する根拠が不明であり、読み手には主観的に受けとめられる弊害が生じる。

・文体について

アカデミックな表現を用い、全体的にはスタイルを維持しているが、第2段落の冒頭文（「一方で…」）は、非常に長く冗長であるため、文を分けたほうがよい。

・タイトルとキーワードについて

「経済発展と格差社会」という表現だけでは、この両者をどう結びつけるか不明である。また、比較研究であることが示されていない。さらに、キーワードには、重要なはずの「D国」と「国民意識」が入っていない。

（2）　解答例

表8-1　素材文4-aから4-bへの修正箇所および改善が認められる理由

	修正箇所	改善されたと認められる理由
タイトル	・素材文4-aの「経済発展と格差社会」という表現だけでは、この両者をどう結びつけるか不明であったが、素材文4-bは「国民意識」がキーワードであり、それがタイトルに入っている。 ・素材文4-aでは比較研究であることが示されていないが、素材文4-bではそのことが副題に明記されている。	・タイトルは論文のキーワードを含めた主旨を簡潔に反映させるようにする必要があり、素材文4-bでは、重要な用語である「国民意識」が入っている。素材文4-aにあるような「AとB」といったタイトルだけでは両者の何を関連づけて議論しようとするのかが不明な場合が多い。素材文4-bではその方法を避けてより明快になった。
キーワード	・素材文4-bでは「D国」が入っている。 ・素材文4-bでは「国民意識」が入っている。	・「D国」は比較対象国として重要であるため。 ・本論で最も明らかにしたい「国民意識」はキーワードとして必要なため。
構成	・素材文4-bでは、段落構成が変更された。大きな違いは背景の段落を最初の第1段落にまとめ、第2段落に問題提起を受けた両国の比較分析の意義を説明している。素材文4-aでは第3段落は、「このことから」で始まっているが、前段落のどこを受けているか明確ではなかった。 ・素材文4-aの「先進国になって久しいが」という表現は、この論理展開上の情報として必須とは考えられない。素材文4-bでは削除されている。	・素材文4-aの第1段落は第2段落の簡単な背景であって、段落を分けるほどではない。素材文4-bのように第1、第2段落を一つにまとめた方がわかりやすくなっている。一つの段落には、基本的に一つの主要なメッセージが入るようにすべきである。 ・字数制限もあることから、文章全体の論理展開を考えて、周辺的な情報（具体例や補足）は、あまり多く入れなくてよく、素材文4-bでは、情報の重要度を考えた取捨選択が行われた。
内容	・素材文4-aでは「D国は最も理想的な比較対象である」と書かれているが、素材文4-bでは、世論調査があることなど比較対象としてD国が適切である理由を含めて述べられている。 ・素材文4-bでは、素材文4-aの第1段落にある富裕層の具体的な説明が削除されている。	・CD両国の比較を行うため、その理由を述べることは必須であるが、素材文4-aのように、根拠なく、「D国は最も理想的な比較対象である」とまで表現することは不適切である。 ・素材文4-aの第1段落にある富裕層の具体的な説明は、議論の細部のことである。したがって、必須とは言えない情報は削除したほうがよい。
表現	・素材文4-aの「D国は最も理想的な比較対象である」の下線部が素材文4-bでは削除された。 ・素材文4-aの全国的に見られるようになった急速な工業化」は、素材文4-bの「全国規模での急速な工業化」に変更された。	・副詞や形容詞は、その使用が最も妥当なものであるか、あるいは客観性を著しく損なわない程度であるか、よく推敲した上で使用する必要がある。根拠なく断定的な表現とすべきではない。 ・このように名詞化された表現は、よりアカデミックで簡潔な表現になると同時に、文字数も節約できる。

	・素材文 4-a の第 4 段落の「先行研究および、特に x, y, および z の 3 地域」と、「および」が 2 回用いられていたが、素材文 4-b では、「および」は 1 か所だけである。	・特に接続詞や副詞のような機能語は、同じ表現を 1 文内や近い場所に何度も使わないほうがよい。
文体	・いずれの文章もアカデミックな表現を用い、全体的にはスタイルを維持しているが、素材文 4-a の第 2 文(「一方で…」)は、非常に長く冗長である。素材文 4-b は引用文献を 1 つ加えても、上記の箇所は、文字数が少ない。	・文が長すぎると冗長になりがちで、主要なメッセージがわかりにくくなる。
分量	・素材文 4-a が 669 字で、素材文 4-b が 691 字である。	・700 字以内という制限があるので、両者とも適正な分量と言えるが、その分量に近い素材文 4-b のほうがより適切と言える。

タスク⑦ (p.126)

(1)(2) 略

解説

　実際に全国学会などでの口頭発表を申請する際には、タイトルやキーワード、指定された字数制限も含めて、慎重に要旨を作成し、細部に至るまで何度も推敲してください。そういった経験を繰りかえすことで、口頭発表要旨や論文要旨だけでなく、論文や報告など、分量が比較的多い文章においても、十分に推敲できる能力を身につけることができます。

　「論文要旨」と「学会発表申請書」は、基本的な内容は共通していますが、違いもあります。「要旨」は非常に限られた字数の中に、論文で報告した研究の全体像を反映することが求められています。これに対して「発表申請」は、学会の性質にもよりますが、分析が完全に終了していない段階でも発表までに結果が得られることが確実であれば申請を行うことがあります。採択されるよう、自分の研究の独自性、新規性、有用性をアピールする必要があり、その学術分野における自分の研究の位置づけや、取り組んでいる問題の重要性、研究方法の優越性などについて述べることが求められる一方、結果のすべてを詳しく述べなくてもよいかもしれません。しかし、こうした要求水準のあり方は、学会によって異なりますから、事前によく調べて対応することが必要です。タイトルやキーワードにも、論文の主旨を簡潔に、かつ十分に示す必要があります。

第 9 章

9.1 (pp.130-145)

タスク①

(1) 解答例

表 9-1　予想される読み手と読む目的

読み手	読む目的、考えていること
担当した教員	成績評価のため。 「見るべきことを見て、すべきことをきちんとしたか」「活動の成功や失敗を、自分の準備や活動への態度、考え方と結びつけて、今後の成長につながる内省をしているか」
活動に参加しなかった学生、教員や事務職員	自分にとって有益な情報があれば、それを収集するため。 学生は、「参加した人は何を学んだのか、自分も知っておくべき情報はないか」「面白そうなら次回に参加したい」など。 教員や事務職員は、「学生は何をやってきたのだろう」「次回にこの活動を企画・運

	営するとすれば何に留意すべきだろうか」など。
学生の家族や保護者	参加学生が有益な学習をしたかどうかを知るため。「ちゃんと、費用に見合うだけの学習成果を上げたのだろうか」「よい活動なら、今回参加しなかったウチの子も、次回に参加させよう」など。
大学に寄付をしている人	大学が有益な学習活動を企画し、参加学生に役立つかどうかを知るため。「成果のあがる、立派な活動をやっているだろうか」「つまらない活動をしているなら、寄付はもうやめよう」など。
ほかの大学の教員	参加学生に有益な学習をさせるいい企画であるかどうかを知るため。「いい企画なら、うちの大学でもやろう」など。
学生が卒業後、就職するかもしれない機関や企業の人	参加学生が有益な学習をしたかどうか、学生がどんな大学で学んでいるのかを知るため。「学生は、どんな経験・学習をしているのだろうか」「どのぐらいの報告ができるところまで、大学は学生を指導しているだろうか」など。
来年この大学を受験しようかと考えている高校生	受験するかどうかを決めるため。「面白い活動をやっているなら、受験したい。先輩たちがあまりつまらないことしか書いていないなら、受験はやめよう」
一般の人	大学の特徴や質を知るため。あるいは、活動内容や活動先の情報を知るため。「あそこの大学って、どんなことするの?」「ほう、大学が○○へ連れて行ったのか。○○の様子はどうだったのだろう」など。

解説

　読み手はさまざまで、心に抱いている具体的な質問もさまざまですが、誰もが、活動の内容そのものだけでなく、**報告者たちの学習活動が成功したかどうかに興味を持っている**ことは共通しています。学習活動の成功とは、活動そのものがうまくいったことと同じではありません。活動自体のなりゆきだけでなく、**そこから何を引き出したかが重要である**点が、学習活動報告の特徴であると言えます。

(2) 解答例

　活動の場所や日程などの概要、主な活動内容、特に強い印象を受けた事柄(結論に対して読み手から共感を得るために説明しておいたほうがよいこと)、それに対する自分の解釈や分析

解説

　何を書くかの選択は、「読む人の知識」と「結論として何を伝えるのか」によって決まります。その学習活動の概要をよく知っている担当教員しか読まないのであれば、活動の基本的枠組みそのものから述べる必要はありません。しかし、大学の外部の人も読む可能性があれば、大前提についても触れておく必要があるかもしれません。このように、読む人がどこまで知っていると思われるかによって書くべき内容は違ってきます。また、「最終的に何を結論として提示したいのか」ということは、書くべき内容を決める上で最も重要な要因です。「考察」にあたる部分では、自分なりの結論を示します。なぜそのような結論に至ったのかを読む人が理解し、共感してくれるよう、背景にある事実関係を、結論を提示するまでに示しておかなければなりません。

(3) 解答例:自分自身、あるいは、自分自身の学習方法や学習態度

解説

　学習活動の結果として改善・発展させるべきものは何かを意識しておくことは、非常に重要です。たとえば、学習活動として「ある施設の見学」を行ったとすれば、その経験から向上することが期待されているのは見学者自身です。しかし、もし専門家としてその施設を「視察」したとすれば、その目的は、対象を評定し、その機関を改善・発展させることであるはずです。同じ機関を見て報告書を書くとしても、目的、自分の立場、相手からの要求によって、考察の視点と盛り込むべき内容は異なります。

　見学を行うと、対象の役割やしくみを理解するとともに、問題点にも気づくかもしれません。ただ問題

点を指摘するだけでなく、なぜ改善されないままなのか、現象の奥にある要因を考察してみることが望ましいと思われます。また、もし見学先での活動があまりうまくいかなかったとしても、準備活動や基礎知識の不足など、自分の問題点に気づいて次回の発展につながる考察を含む報告書を書いた場合には、学習活動としては成功と判断してもらえるでしょう。

（4） 解答
(a)（ア　読者）（イ　結論）（ウ　過不足なく）(b)（エ　情緒的）（オ　解釈）
(c)（カ　どう理解し、それによって社会・世界に対する自分の理解をどう深めたか）
(d)（キ　事実と分析・解釈）

タスク② (pp.134-139)
（1）（2）略
（3）ア〈全体構成〉　イ〈論述内容の妥当性、厳密性〉　ウ〈論述内容の妥当性〉
　　　エ〈言語の論理性〉オ〈文体〉
（4） 解答例
　素材文1-aと1-bの大きな違いは、1-bでは全体構造が整っていることである。活動のあらましと主な観察、結論を述べた概要、見たこととそこから推測されたことを含めて、状況を記述した観察、感じたことおよび考えたことを述べた考察という、三つに適切に区分されている。それぞれの部分で述べられる情報の種類も精査され、同様の種類の記述はまとめられている。
　表現も、語彙、連語関係、文の主述の整合性、文の前後関係など、局所的な問題から広い範囲にわたる問題まで、見直され洗練された。
　構成と表現を見直す過程で、概念も明瞭になった。「地方格差」という、最も強い印象を受け、最も伝えたいと思った事柄について考えを深めた結果、地方の保健の質を高めるために看護師が果たせる役割があることに考えが至り、さらに、日本でも同様だと気づいたことが述べられている。1-aの終わりにあった、真剣さに欠ける印象を与えることばは削除された。

解説
　素材文1-aとそれを修正した素材文1-bとを比べてみると、明瞭に書こうと適切な表現を求めて努力する中で、考察が深まっていったことがわかります。これが、文章を書くことがもたらす大きな成果です。この報告者が見学を行っただけで報告書を書かなかったとしたら、この活動から得た認識は浅いままにとどまったことでしょう。表現を推敲することは、単に「概念」の衣を着せかえる作業ではありません。表現の精緻化に伴って概念そのものが厳密になり、考察が深まるのです。

タスク③ (pp.140-143)
（1） 解答例
ア．制約がないのなら、タイトルに、「現場」がどこなのかを最低限示すほうがよい。節の作り方は、「概要、観察、考察」となっていて、適切である。
イ．「概要」には、体験実習の概要、自分の活動、内省が含まれていて、適切である。しかし、活動の説明や活動の前提となる目的の記述が、あちこちに書かれているため、情報を適切に分類・配置し直す必要がある。内省は、「難しさを痛感した」という初めの印象だけでなく、考察に述べられている、看護職の役割についての理解が深まったという点を含めたほうがいい。
ウ．「観察」で述べる結論を理解させるための情報が十分とは言えない。観察の中心となる事柄をまとめた部分がない。「事実」と「分析」、「主張」と「事例」の区別があやふやで、個々の事実から何がわかったのか、何を示そうとしているのか、つながりが理解しにくいところがある。

この実習では二つのタイプの現場を見て共通点・相違点を認識し、その理由や背景を認識することが求められているが、筆者は、「考察」において、「看護の機能とはあらゆる場でその場の目的に合わせた看護をすることによって人々の健康を保とうとすること」という結論を提示している。これに説得力を持たせるには、二つの現場が違うことと、「看護師の仕事は、その場の条件によって異なる」という分析を、先に示しておくことが必要である。考察の第2段落で述べられる、コミュニケーションやレクリエーションなど「老人ホーム」に関する具体的な事実は、最後ではなく、考察での主張を支える情報として観察の部分で先に述べておいたほうがいい。

　　　「事実」と「その意義」は、述べられているが、述べ方が雑然としている。たとえば、「1時間のシャドウイングのなかで、4人の患者のバイタルサインの計測や呼吸器外科であったために吸入等の治療を行い、また患者の治療を行うたびにカルテの確認をし、医療ミスの対策もしっかり行われていた。」の部分では、「医療ミス対策がしっかりしている」という部分が筆者の独自の分析で、ここに焦点があると思われる。しかし、それが、他の事実と雑然と並置されているため、どこに基づいてこの分析が出てきているのか、分かりにくい。この分析が依拠するのは「カルテ確認」のところで、その前のことは直接関係しない。また、次の段落で、「9割が認知症」「入口が施錠されている」「安全のためのセキュリティーがなされている」というのも、事実がどれで解釈がどれか、わかりにくい。

エ．中心的メッセージははっきりしており、「その場の目的に合わせた看護をすることが大切」「マニュアルに載っているような看護の仕事ではないことも非常に大切」という2点だと考えられる。看護という職についての観察が深まったことは、誠実に観察を行った成果として評価できるが、それを自分の現在に結びつけて指針を得ようしていないところには、改善の余地がある。

オ．問題が多く、整理する必要がある。たとえば、「観察」の、「1時間のシャドウイングのなかで、……しっかり行われていた」の部分は、観察された事実、そこからわかったこと、中心点として提示することの区別がわかるようにする必要がある。

　　　次の段落の、「9割が認知症」「入口が施錠されている」「安全のためのセキュリティー（この表現はおかしい）がなされている」という部分のつながりも、整理する必要がある。「9割が認知症」と「入口の施錠」との間には、因果関係がある。「施錠」は、「安全対策」の具体例である。「安全対策を取る」という方針は、具体的な事実を見て報告者が解釈し認識したものである。

　　　「考察」の表現には、筆者だけが納得しているような表現が見られる。第2段落はじめの「その一つの例として」というのは、何の例なのか、わからない。また、「現在のマニュアル頼りの看護に必要なものではないかと思った」というところは、現在の看護がマニュアル頼りであるとはどこにも述べられていない上、一般的想定とは思えないので、筆者の考えに同調することができない。

カ．「1．実習概要」の中、および「3．考察」でも使用されている「私」という一人称は、「筆者」「報告者」としたほうがよい。「いかなる場で働く看護師の役割」は、日本語として不整合である。

　　　「2．観察」の部分では「入院されている」「9割の方」などと敬語が用いられているが、個人的関係性を前提とした敬語を報告文で用いるのは不適切である。また、「2．観察」に書かれている「安全のためのセキュリティー」は、同語反復であり、おかしい。

[解説]

（1）の解答例の分析を見ると、「悪いところだらけ」という印象を持つ人もいるかもしれません。確かに、概念の整理や表現の改善が必要です。しかし、この報告には、事実がどうだったか、特に注目した事柄は何だったか、それについてどう考えたのか、何を結論として得たのか、など、報告に含まれるべき事柄が、一応、もれなく書かれています。この筆者にとっての課題は、「論述にふさわしい語彙の学習」と「概念を整理する習慣の獲得」であると考えられます。

（2）略

（3） 解答例

　情報内容に大きな違いはないが、情報が整理されたため、筆者の言いたいことがよく伝わるようになった。特に大きな違いは、「2．観察」の記述である。段落の初めにその段落をまとめる一文が置かれ、また、この節の最後には、観察全体をまとめる文が付け加えられている。修正前には羅列されていた事実や解釈が、修正後の文では整理されて有機的に関連づけられたため、筆者が「場面に応じて多様な方法を取ることが必要なのだ」という結論に至る道筋に、読者も共感を覚えつつ読めるようになった。

解説

　学習活動報告という目標を再認識した結果、体験を自分の現在の活動に結びつけて解釈し、有用な示唆を得ていることが注目されます。これが、「学生としての正しい態度」という道義的意識や、「とりあえず立派なことを書く」という安直な戦略からではなく、「この文章の目的は何か」という冷静な分析から生じた認識に基づいて、活動結果から示唆されたものであるところに、大きな意義があると考えられます。「最後に立派な態度を示すことが教員の印象をよくするだろう」と思って「熱心に勉強することが大切だ」と書いたとしても、その前との関連が示されなければ、真実味の乏しい記述となったかもしれません。

タスク④（pp.144-145）

（1）　略

解説

　Step 1 の必要時間は 2 時間と書かれていますが、慣れない場合はもっとかかるでしょう。慣れている人は 1 時間でも十分かもしれません。

　Step 4 は、相手にお願いするわけですから、相手の都合を考慮に入れておかなければなりません。頼んでも断られるかもしれません。引き受けてくれても、すぐにその場で見ることができるとは限りません。また、メールで依頼することができるのか、会いに行って頼まなければならないのか、アクセスの条件によっても変わってきます。

　何かを始めるとき、なるべく具体的に完成までのプロセスを思い描き、あり得るかもしれない障害に対して対応策を考えておくことが大切です。

（2）　略

9.2（pp.146-149）

タスク⑤

（1） 解答例

　トピックセンテンスがいずれの段落においても冒頭か近いところに出されているため、構成は比較的わかりやすい。第1段落の最初に、「～、～、～の点から紹介します」というような、以降の段落の内容をメタ的に紹介する1文があると、もっとわかりやすくなる。研究室のルールや実験に関するルール、居場所の掲示板への明示など、ルールと言えるものがいくつかあるので、ルールとしてまとめることも可能である。

　内容は興味深いが、研究室の教授の名前が抜けている。実験に関するルールなどは具体的でわかりやすい。

　第2段落の「実験系の学生はいつも忙しいので」や最終段落の「実験や研究はときどき大変ですが」といった表現は、雰囲気を示しているものとしてわかるが、より具体的に書いたほうがよい。「協力し合ってよい雰囲気で」という場合の「よい雰囲気」も抽象的であり、必須の表現であるとは言えない。文体としても、このような、厳密ではない表現や文は避ける必要がある。

　文末表現の「～なければなりません」などは長いので、「～します」や「～する必要があります」に変

更すれば簡潔になる。これらの変更部分と合わせて、上記のとおり、必須ではない表現を削除すれば、800字以内に字数を減らせる。

（2）（3）略

第10章

10.1（pp.152-166）

タスク①

解答例

（1） 高山教授の「わからない」という反応は、依頼の内容が具体的に書かれていないことに対する当然の反応である。図書館の本を返してほしい、問題解決を手助けしてほしいというお願いを具体的に書き、問題の内容を述べるべきであった。話の順序も不適切である。面識のない人にいきなり「培養法を教えてください」と頼むのは失礼だと遠慮しているのかもしれないが、読む人は、なぜ相手の事情を長々と読ませられるのかわからないまま、最後まで読まなければならないことに、苛立ちを覚えるだろう。状況説明は依頼内容を明確に述べた後に行うべきだった。表現の点でも、混乱を招く点がある。「ご連絡、恐れ入ります」は、相手からもらった連絡に対してお礼を言っているように聞こえる。高山教授は、連絡した覚えのない相手からこう言われて驚いたことだろう。中山さんは、「突然ご連絡し、申し訳ありません」または、「突然で恐れ入りますが、ご連絡をさせていただきました」などと言うべきであった。また、「同書が……貸し出されていらっしゃる」の部分の敬語使用も不適切である。「物」を主語とする述語に尊敬語形式を用いるのは誤りである。

解説

中山太郎さんは、相手に悪く思われまいとするあまり、かえって、話の進め方（内容と順番）がまずくなっています。このメールは、一見、「図書館から借りている参考書を読ませてほしい」という依頼のように見えますが、実は、菌の扱い方についてヒントがほしいからこそ、その本が読みたいのであり、本当は経験豊富な高山先生にアドバイスをしてほしいのだろうと、想像力を働かせれば、だんだんわかってきます。しかし、高山先生にそのように推論の手間をかけさせるとしたら、それこそ、失礼です。最大の問題は、高山先生がアドバイスをしようとしても、どのような問題で困っているのかわからないことです。どういう培養を何の目的のためにやっていて、どのような問題が起こっているのか、専門家らしく、明確に説明しなければなりません。

（2） 解答例

　高山先生が親切な人であれば、その問題を起こす原因についての自分の推論を述べ、対策を指示するメールを送るであろう。メールを書いている時間がなく、口頭で説明するほうが簡単だと思われる場合は、何日の何時に来るようにという指示をしてくれるだろう。時間がないか、上のようなことをする親切心がない場合は、中山さんが読みたいと言っている本を図書館に返却し、そのことをメールで知らせるだろう。

（3）　最も大きな進歩は、高山先生が対応できるよう、十分な情報を与えたことである。

タスク②（pp.156-160）

（1）　解答例　ほぼゼロだと思われる。

（2）　解答例

　よい点は、最初の挨拶で「面識のない者」であることを明らかにし、即座に自己紹介を行うとともに、なぜ「大田先生」にメールを送ったのかを説明していて、不審なメールではないことが早めに明らかにさ

れていることである。

悪い点としては、以下のようなことがある。

①件名が曖昧である。

②依頼をきちんと行っていない。プラスミドをもらいたいのだと話の流れから判断できるが、明言しないのは礼儀に反する。

③プラスミドをどのように使うかの説明が不足していて、譲渡しても問題がないかが判断できない。

④2段落目で、「あなたにとっても利益がある」とほのめかすのは、恩着せがましく尊大な印象を与える可能性が非常に高い。しかも、決して確実な見通しではない。3段落目でも同様に、確実な見通しでないことを述べており、不信感を抱かれる恐れがある。

⑤自分の都合は述べているが、相手の事情は考えていない。「なるべく早く」と言われても、相手側も忙しいかもしれない。

⑥安全性や倫理的配慮について何も述べられていない。

⑦送る手続きについて、送料のこと以外、何も述べていない。

全体として、一方的に自分の都合だけを申し立てている文章であり、相手は、積極的に協力しようという気持ちにはならないと思われる。

（3）解答例

表10-1　素材文2-aと2-bの対照表

	素材文2-a	素材文2-b
全体構造	3段落で、内容は以下のようである。 ①前置き ②自己紹介と自分の研究にとっての「資料」の意義 ③自分の研究に期待される成果の見通し、自分の事情の説明、依頼、送付方法説明	4段落で、内容は以下のようである。 ①前置き、自己紹介、依頼 ②研究内容と「資料」の使途についての説明 ③危険回避および負担軽減についての説明 ④詳しい説明のための手続きの説明
依頼内容の具体性	・依頼を明示する文は、前半にはない。最後のほうに、「早急にお送りください」とあるのみ。	・〈件名〉と、最初の段落で、明示的に依頼内容を示している。 ・送付方法など具体的なことには触れていない。
情報の質量	・質量ともに不十分である。請求している資料の使途の説明が不足している。「成果」は、確実性がない。相手にとっても業績になるという言い方は、いささか僭越で、不適切である。 ・分譲してくれるかどうか相手が何も言っていない段階で分譲されることを前提とした送付先や送料の話をするのは、相手の意志を無視していることになり、不適切である。	・十分な情報が提供され、また、相手にとって情報が十分でないかもしれないと想定して、さらなる情報提供のための連絡方法を提示している。
表現	・敬語の用法に問題がある。 「先生の論文をお読みし」は「読ませていただき」または、「拝読し」とすべきである。 「お送りしてください」は謙譲語を依頼文に用いることが不適切であるため、「お送りください」とすべきである。 ・定型表現の使用法が不適切である。 「心から厚く」は「御礼申し上げます」とともに使うべきもので、「お願いします」と一緒には使わない。 ・「着払いで結構です」は、相手からどうしたいか聞かれた場合の答としてはよいが、こち	・敬語は次のようになった。 「先生の論文を拝読し」 「……いただければ大変ありがたく存じます」 ・定型表現としては、次の表現が使われている。 「伏してお願い申し上げます」 「御高配のほどよろしくお願い申し上げます」 「分譲に関わる対価、送料などはお支払いいたします」

	らから頼むのだから、「着払いとしてください」とお願いするか、ほかの表現にすべきである。	
相手への配慮	・相手にとっての利益を述べる（「大田先生のプラスミドの利用価値が高まる」） ・自分の研究の価値を述べている（「国内の利用だけでなく……期待されている」） ・自分のせっぱつまった事情を述べている（「今年度中に成果を出すため……是非必要なのです」）	・自分の研究の詳細を明らかにしている（責任者名、研究の概要）。 ・資料の使途を明らかにしている。 ・譲渡に伴う危険を回避するための策と発表時に取る倫理的手続きを説明する。 ・さらに詳細な情報を提供する意志を表明する。 ・複数の連絡方法を提示する。

（4）略

（5）解答例

　大田先生にメールを出す。その中では、お礼を言うとともに、電話で受けた注意をまとめて、その注意を守ることを述べる。

解説

　電話で注意を与えた大田先生は、中田さんが言ったことをきちんと理解したかどうか心配してくださっているかもしれません。先生の指示を確実に理解したことを伝える必要があります。

タスク③（pp.162-165）

（1）解答例

表10-2　素材文 3-a の問題点分析

書式： 　日付の位置を第一行目の右上とすべきである。依頼の主旨がわかるように、この文章のタイトルをつけるべきである。相手の名前は、役職名（校長）を上の行に、個人名の後には「先生」をつけたほうがよい。
構成と情報の質： 　「挨拶」「依頼内容の記述」「具体的な手続きのための指示」が含まれている。しかし、相手を説得するための記述が「御面倒とは思いますが、……不可欠なものなのです」という、自己都合を説明した文しかなく、手続きについても、相手の事情を斟酌して選択肢を与えるといった配慮が見られない。
表現： 　はじめの挨拶の文言の後半は、「詫び」の表現ではおかしい。

（2）略

（3）解答例

　修正版がよくなった点は次のような点である。まず、「外国人児童を対象とした日本語教育の方法」という研究の社会的意義が説明され、研究の必要性がわかるようになった。その際、説明が「知らない人に教えている」という口調にならないように、「申し上げるまでもないことですが」と、相手が児童教育の専門家であることを承知していることを示している。次に、研究に臨む自分の態度を明確にし、謙虚さと真摯さと慎重さをアピールしている。「微力ながら」「少しでも役にたつ方法の提案を」「全力で」などの文言、具体的な調査方法を相手の都合に応じて調整する準備があること、倫理的な配慮をすることなどを明らかにしている。相手の既有知識を認知していることも、謙虚さのアピールとなっている。最後に、調査対象としてなぜＣ小学校を選んだかが明らかにされており、Ｃ小学校の実績を評価する文言が含まれている。以上のことは、すべて、相手の警戒を解き、協力しようという気持ちを高める方向に働くと思われる。

解説

公的文章には決まった書式があり、それに合わせて書かなければなりません。構成は、下のようになるでしょう。順序は、

1. 挨拶：決まり文句は決まった形で使うことが必要である。たとえば、「突然お手紙を差し上げる失礼をお許しください」の「お許しください」を「申し訳ありません」「お詫び申し上げます」に変えることはできない。自己紹介では、依頼の背景を伝える情報を提示する。
2. 依頼：a. 依頼そのもの（依頼を遂行する文と、具体的な内容）
　　　　b. 理由（自分にとっての、また、相手も含む社会にとっての、調査の意義）
　　　　c. 説得（相手の事情への配慮、感謝、自分の心構え、など）
3. 具体的手続きについての説明：トラブル防止策、打ち合わせの方法など
4. 締めくくりの挨拶

この依頼者の行っている研究は、将来的にはその小学校を含む社会に貢献する可能性がありますが、現段階では確かにそうなると断言することはできません。つまり、相手にとっては利益がないかもしれないことを、自分の目的のためにやってもらおうとしているのですから、相手に、「協力しよう」という気持ちになってもらえるように、知恵を絞らなければなりません。相手は、基本的には社会にとって役に立つ可能性のある研究を支援すべきだと考えてくれると思いますが、立場上、問題を防ぐ責任を負っています。校長として、子供や先生たちに大きすぎる負担がかかるのを防ぎたいと思っているでしょう。また、自分の学校や教師の指導方法の問題があると非難されるのではないかと警戒する気持ちもあるかもしれません。相手側の協力に対する積極的な気持ちを増大させ、警戒を解くためには、具体的な情報を出して計画の具体像がつかめるようにし、こちらの誠意と真面目な態度をアピールする必要があります。

タスク④　略

10.2 （pp.167-172）

タスク⑤

（1）　解答例

自分自身の研究と結びつけ、自分の強みをアピールしている点はよい。自分の研究内容が、国際協力に関係があることを説明し、また、自分が外国人で多言語ができることを述べている。

（2）　解答例

改善が必要な点として、以下の3点が挙げられる。

・主観的で個人的な記述が多く、具体性に乏しい。たとえば、「貴センターの国際性強化に役立つ人間になると思います」、「研究には自信があります」、「私も、田中さんと同じように仕事ができると思っています」などである。

・所属先が「教育開発部門」であるため、就職後の教育開発面での活動が期待されるにもかかわらず、研究面の記述が多く、教育開発面に関しては記述がほとんどない。

・社会的な知識が不足している印象を与える。抱負は、自分自身の研究などの具体的な経験や、先方の条件や期待に合った将来の活躍の可能性を、客観的に説得力をもって書く必要がある。「新聞も読まないほど研究が好き」、「就職できたらとてもうれしいです」、「両親もきっと喜ぶでしょう」は、まったく個人的な感想であって、抱負を述べる文章には適さない。「頑張らせていただく」という表現も敬語として不適切である。

改善案として、以下に例を示す。
　一例として、下から2段落目にある、「国際協力、国際共生についての勉強はこれからですが、貴センターの役に立つようになると思います」は、抽象的で、単に自身の希望的な観測を述べたものなので、不適切である。必要な内容は、より具体的に、どのような教育開発を行っていくかの提案の説明である。そこで、この点について加筆するならば、たとえば、専門家と市民をつなぐワークショップの開催や、学内教員に対するFD（ファカルティー・ディベロップメント）の企画と実施、さらには、学内の学生向けの特別授業の実施など、応募者が他者と連携しつつ行えると考える活動を具体的に説明することが必要である。

（3）　解答例　（pp.170-171）
(a)「私人ではなく、組織の一員としての自分の適性や強みをアピールする」
　改善された。主観的な表現はかなり削除され、研究、留学経験、および一定以上の語学能力などを具体的な事例や数値を用いて説得的に説明されている。具体的には、自身の研究内容の観点から、応募先のセンターの求める人材として有用であることを説明した上で、専門分野における「社会科学的なアプローチ」を自身の研究の過程で習得したことを述べている。また、必要とされる高度な英語能力をTOEICのスコアを提示することで客観的に示している。さらに、インターンシップの経験から、国際的な機関での実務経験があることも加えている。

(b)「相手の要求に応えて、具体的な案を示し、その案を実施できる能力があることを具体的に示す」
　まだ改善の余地がある。5段落構成のうち、抱負の中心部分となる3段落以降においては、上の（a）に示したように、応募資格に直接かかわる能力については客観的なデータをもとに説明が行われていて改善された。一方、以下の（c）と（e）にも示すように、具体的な教育と開発に関する案の説明が少ないため、それらの提案と上記の能力がどのように関連するのか、さらに加筆が必要である。たとえば、高度な英語能力を有する背景情報が、教育と開発のどの面でどのように活かせるかをさらに説明するべきである。

(c)「センターの理想的な活動内容を考察して、提案をする」
　まだ改善の余地がある。第2段落において「基礎教育と基盤開発が最も重要」と提案しているが、それに集約される説明が不十分である。第3段落以降では、研究や留学経験と結びつけたアピールが行われているものの、上記の「基礎教育と基盤開発」の内容が明確にわかる記述がどこにあるかわかりにくい。「基礎教育と基盤開発」と述べるならば、それぞれについて、具体的な提案を書く必要がある。つまり、基礎教育として何が行えて、基盤開発として何が行えるかを説明しなければならない。「基礎教育」を例にとると、専門教育とは異なる基礎教育として、すべての初年次の学生に対してグローバルな人材を育成するための、国際協力に関する基礎セミナーを実施するといった記述である。

(d)「人間関係が構築できる能力と協調性をアピールする」
　改善された。たとえば、第3段落の最後には、調査の過程で、日本人との交流についての言及があり、また、第4段落において留学先での友人の獲得についても述べられている。初めて知り合う人々との円滑な関係構築ができることについて説明があると言える。

(e)「研究活動以外の職務、教育開発について述べる」
　やや改善された。不適切な敬語表現がなくなり、かつ、最後の段落では教育開発についての具体的な提案が少し行われている。この部分は抱負として中心的な内容となるべきものなので、さらに具体的に加筆する必要がある。また、この教育開発は、上の（c）のとおり、「基礎教育」と位置づけられる明確な根拠の記述が不足している。

(f)「丁寧表現を適切に用いる」
　改善された。「頑張らせていただく」という不適切な表現が何度も使われていたが、「努力いたします」

といった適切な表現に修正された。
（4） 略